华夏文库·民俗书系

地可发千祥

湘中的土地神与土地庙

王素珍 著

大地传媒　中州古籍出版社

《华夏文库》发凡

毫无疑问，每一个时代都有属于自己时代的精神追求、文化叩问与出版理想。我们不禁要问，在 21 世纪初叶，在全球文明交融的今天，在信息文明的发轫初期，作为一个中国出版人，我们正在或者将要追求什么？我们能够成就或奉献什么？我们以何种方式参与全球化时代的文化传播进程？在一连串的追问下，于是，有了这套《华夏文库》的出版。

自信才能交融。世界各大文明在坚守自身文化个性的同时，不约而同地加快了探视其他文化精神内涵的步伐，世界不同文明正在朝着了解、交流、碰撞、借鉴与融合的方向前进。在此背景下，建立自身的文化自信，正是与世界各文明民族进行文化交流的基本要求。五千年中华文明与文化正在不断地被其他文明所发现、所挖掘、所认知，汉语言正在生长为世界语言，儒文化正在世界各地生根发芽。

借助这样一种正在成长着的文化自信、自觉、开放、亲和之力，用我们这个时代的学术眼光全面系统梳理中华五千年的文明与文化，向其他各大文明与文化圈正面展示自我，让中华优秀文化成为世界文化的重要组成部分，正是我们出版这套文库的目的之一。此其一。

知己才能知彼。身处五千年文化浸润的今天，重新思考我们先人的人生思考、价值思考与哲学思考，找到一个民族、一个国家的价值所在、立命所在、安身所在，这已经是我们这个时代的学人与出版人不得不再思考的问题。作为中华文明的一分子，我们在思考的同时，还必须了解我们的先人创造了如何优秀的精神文明与物质文明以及社会文明。只有熟知自己的文化，热爱自己的文化，悟明自己的文化，我们才能宣说自己、弘扬自己、光大自己。因此，我们策划组织这套《华夏文库》的初衷，还在于让当下的知识青年全面系统瞭望中华文明与文化的全景，并借此能够对更为深广的世界各民族文化提供一个比较认知的基础。此其二。

顺势才能有为。我们正处在农耕文明、工业文明、信息文明的交汇处，信息文明带领我们从读纸时代进入读屏时代，以智能手机屏幕为代表的书籍呈现方式正在与纸质书籍争夺阅读时间与空间。我们正在领悟数字技术，正在以信息文明的视角，去整理、分析和研究农耕文明与工业文明的文化遗产，不仅仅是为了唤醒优秀的传统文化，我们还在生发和原创着当今时代的文化。由此，我们试图架起一座桥梁——由纸质呈现而数字呈现，由数字呈现而纸质呈现，以多媒介的书籍呈现方式，将文字、图像、声音与视频四者结合，共同筑成《华夏文库》以奉献给信息文明时代的新读者。此其三。

总之，这是一套——专家大家名家写小书；以最小的阅读单元，原创撰写中华精神文化、物质文化与社会文明系列主题与专题；以图文、音视频多媒介呈现的方式，全面介绍与传播中华文明与优秀文化，系统普及与推介中华文明与文化知识；主旨是为了让世界与中国共同了解中国的——大型丛书，借此，复兴文化，唤起精神，融入世界。

耿相新

2013 年 6 月 27 日

《华夏文库·民俗书系》序

《民俗书系》是中原出版传媒集团一项浩大工程《华夏文库》的一个重要组成部分,分为十个系列:生产贸易民俗系列,衣食住行民俗系列,社会家庭民俗系列,人生仪礼民俗系列,生态、科技民俗系列,信仰民俗系列,岁时节令民俗系列,语言文学民俗系列,民间游乐民俗系列和民间艺术系列,涉及民俗文化的所有方面。这是一套具有相当规模的民俗类丛书。第一期约300本,每个省、自治区、直辖市10本左右。以后还有第二期、第三期。从数量上看,这套书在民俗文化呈现的广度方面是前所未有的。

有规模,成体系,才能产生深刻而广泛的社会效应。就民俗文化而言,一两本书,做得再精致,影响也是有限的。只有达到一定规模,才能全面、系统而又细致地展现中国各民族各地区丰富灿烂的民俗文化。中国幅员广阔、民族众多,以往民俗文化的呈现都是局部的,有很大的局限性,而《民俗书系》是对中华各民族民俗文化全方位的展示,超越了已出版的任何一套民俗丛书。这有助于对中华各民族民俗文化进行整体关照,多向度地把握、理解和享用中华各民族民俗文化。

十个系列仅仅是给定了民俗文库选题的范围和领域,而每本书的选题要求主要在两个方面。一是强调具体和细微。选题越具体越好,越细微越好。以往民俗文化方面的书,选题都比较大,侧重在"面"上,而《民俗书系》的选题，侧重在"点"上。譬如中国民居方面的选题，以往即为中国民居，如陕北窑洞、蒙古包、客家民居、四合院等等，我们这套书要求选题更为具体，诸如门、床、窗、影壁、屋脊、砖雕、上梁仪式、天井等等。选题越具体、越集中，越能书写得深入，越能说得透彻。从不同方面，把这一指向范围细微的"事象"的表现形式、过程、内涵，阐述清楚。一个选题，仅涉及一个方面的话题或事物，全书就围绕一个具体的民俗"事象"集中笔墨展开阐述。

二是强调地域性。选择具有地方特色的民俗文化。选题不避偏，即便是不为外界所知的民俗文化"事象"，也可以作为选题。这样的选题纳入整套书系之中，其所描述的对象就成为整个中华民族民间文化体系中的一部分，具有不可替代的位置。通过这套文库的出版，将这一原本影响不大的民俗文化"事象"推向全国，乃至世界。地域是具体的，而不是覆盖整个省，甚至大片地区和流域，而是局限于某一市县、某一城镇、某一村落。写一个具体地方的某一具体的民俗"事象"，民俗"事象"所流传的范围是明确的。当然，也有的以一个地方的某一民俗"事象"为书写中心，适当涉及其他地方相同的民俗"事象"，包括引用其起源、历史发展脉络和内涵分析等方面的相关资料，采用了以点带面的叙述范式。也有的通过图片的方式，链接其他地方同一民俗文化"事象"，做一些适当比较。

在这两点要求的基础上，这套民俗书系的选题是开放性的，面向中华各民族的广袤大地和民俗文化的汪洋大海。

《民俗书系》中的每本书字数在6万～7万，近百幅图。根据选题本身的特点选择不同的写作角度和呈现方式，甚至有的以图为主，文字只是起到辅助、说明的作用。也有的以一个故事或传说为引导，再进入民俗"事象"本身，展开层层阐述。每本书的结构简洁而又灵活，便于作者把握和读者阅读。在述与论的关系方面，以"述"为主，"述"是全书主要的行文方式和表现主体；以"论"为辅，富有层次地清晰演示特定民俗"事象"的表现形态及其现状和历史，说明其深厚的文化内涵，提供其社会及文化背景。每幅照片都有比较翔实的说明，诸如照片中的人是谁，都在干什么，主要景观和物品的名称、含义，画面属于仪式过程的哪个环节等。照片不是配图，不是为了美观，而是整本书的有机组成部分。

这套《民俗书系》追求一种"原生态"写作境界。这里的"原生态"，就是强调民俗表达的原汁原味。所使用的文字素材和图片基本上是作者自己采集到的，第一手资料夯实了全书的所有内容。这套书系的作者绝大多数不是学者或专业研究人员，而是地方文化精英，是地方民间文化传统的积极传承者。作者就是当地人，对这一选题或这一民俗"事象"最为熟悉，而且反复经历和参与过这一民俗活动，最了解这一民俗活动，并具有一定的书面语言表达能力，是最适合写这本书的人。作者对这一选题有比较丰富的资料积累和信息储备，是这一选题的代言人和权威，而书的出版更是对作者权威地位的认定。这套书系的价值主要不是学术上的，不是理论方法方面的，而是发掘地方民俗文化资源，真实、客观地再现了民俗文化，展示了民俗文化本身具有的文化魅力和现实意义。这套书系可称之为原生态民俗书系。

《民俗书系》编纂和出版的动机是宏伟的，具有高远的历史文化志向和神圣的现实责任感。这一浩大工程值得您的期待，更值得您的关注。

万建中

2015 年元月 20 日于京师园

目 录

前言 ·· 1

一　土地庙

1　土地庙与乡村聚落 ··· 7

2　土地土地，只管五里 ··· 13

3　土地庙的选址 ··· 20

4　土地庙的修建 ··· 24

5　对联及装饰 ··· 27

二　土地神

1　土地原是天上人 ··· 34

2　家堂土地 ··· 38

3　土地公、土地婆，一生一世两公婆 ····················· 43

　　　　4　土地神像……47

三　庙王土地

　　　　1　庙王……56

　　　　2　陪祀的土地……60

　　　　3　庙王土地……62

　　　　4　庙王土地与人们的日常生活……69

　　　　5　当坊土地当坊灵……74

四　逢年过节敬土地

　　　　1　过年敬土地……82

　　　　2　赞土地……85

　　　　3　二月二祀土地……91

　　　　4　尝新敬土地……97

五　庙堂虽小管生死

　　　　1　土地公公……103

2　接亡与报庙 ·················· 107

　　3　后土神 ······················ 111

　　4　地契与大包 ·················· 114

六　日常生活中的土地庙

　　1　庙小事多 ···················· 123

　　2　厅屋与神龛 ·················· 126

　　3　打卦 ······················· 130

　　4　许愿与还愿 ·················· 133

结语 ······························ 138

主要参考书目 ······················ 140

小知识目录

屋场 …………………………………… 30

"土地"民谣 …………………………… 53

庙界 …………………………………… 77

赞土地 ………………………………… 100

挂青 …………………………………… 101

报庙 …………………………………… 119

地契与买地券 ………………………… 120

前言

土地庙，也称土地祠、土地堂[1]、伯公庙（或"伯公亭"）、福德正庙（福德祠），是民间供奉土地神的地方（庙宇）。土地庙分布广泛，所谓"田头田尾土地公"、"三步两步土地庙"，无论城镇乡村，还是田野山林，在很多地方，都有土地庙。

土地庙内供奉的是土地神。土地神又称土地、土地菩萨、土地公（公）、土地爷、福德正神、后土、伯公等，在民间信仰极为普遍，是民间信仰中的地方保护神，旧时凡有人群居住的地方就有祀奉土地神的现象存在。

土地神源于远古的土地崇拜，土地神与先秦时期的社、后土神、土神[2]、五谷神（土谷神）、中霤之神等概念和神灵都有着千丝万缕的联系。先秦时期，土地神的神主有封土为神，以大树为土地神，以木、石等为神。

隋唐时期，各地修建城隍庙；明清时期，城隍与土地神之间有了

---

[1] 据说唐代诗人拾得诗得之于土地堂壁。据此有学者认为，唐初已有"土地堂"之名。(项楚师注《寒山诗注：附拾得诗注·前言》，中华书局，2000年。)

[2] 土神在我国古代是土地神的一种。也有学者认为，土神是从土地神分出来的，为主司泥土之神。凡是动土、建房、挖墓都要祭祀土神。(宋兆麟《中国民间神像》，学苑出版社，1995年，第24页。)

上下级关系，并逐渐发展出"城隍出巡"、"解钱粮"等仪式。

以社为核心的土地神，在宋以前，属于国家祀典，地位较高，有所谓"国中之神，莫贵乎社"之说[1]。宋代以来，土地神世俗化倾向加剧，以社祭而言，官社、民社分离，民间土地、土地公、土地祠（庙）等表述形式在文献中出现的频率日渐见多，土地神与土地祠分布的空间已经开始多样化，且呈现出等级、层次之别。根据土地神及土地庙的地域空间分布，可以分为"王府官衙土地神，学府土地神，寺观土地神，住宅土地神，乡村土地神"[2]，此外，民间也有村寨土地、花园土地、山神土地、庙王（神）土地、桥头土地、猪栏土地、家堂土地等的区分。俗话说，"进门土地堂，家有万石粮"，在陕西宝鸡地区，直到20世纪80年代，农民盖房，立木前要先修土地堂。

土地庙不仅乡间有，城市也有。宋元以来，随着市镇的发展，城隍庙、土地庙在城镇也有所修建。据清代《乾隆京城全图》统计，仅京城的土地庙就有四十多座，此外各地还有"总土地"、"都土地"。民国以来，北京、南京、台湾、香港、澳门等地，市区都有大型的土地庙。民间谚语中，有"南京土地、北京城隍"之说。

在台北市大同区土地庙的数量已经达十六座，诸如福聚宫、和德祠、福德宫、福德庙、景福宫等，台北县中和市的烘炉地土地公庙等，这些大都是大型宫庙式土地庙。在台湾的各个乡镇，土地公庙的数量更为庞大。位于香港市区的较为大型的土地庙有：大坑东福德庙、筲箕湾福德庙、尖沙咀海防道福德古庙、红磡福德古庙、牛头角伯公古庙。在澳门，土地公祠星罗棋布，沙梨头、下环区及雀仔园等旧城区街巷内都供奉土地，位于白鸽巢公园附近的沙梨头土地庙是澳门最古

---

[1] 《礼记·郊特牲》："国中之神，莫贵乎社。"《南齐书》："中国之神，莫贵于社。"
[2] 杜正乾：《中国古代土地信仰研究》，四川大学博士论文，2005年，第161~168页。

老、最大的土地庙。总体而言，土地庙在我国各地特别是乡间较为常见，多位于入村口、道路旁、水塘边、大树下。土地庙的建筑风格多样，大体可分为庙宇、龛位或神位（土地龛）和袖珍房屋等几种常见类型；其建筑或简单、或华丽，无特定规制。

土地庙和岁时节日、人生礼仪及普通人的生活都有着千丝万缕的关联。土地庙庙虽小，但土地神管的事却不少。土地庙在村落空间和村落生活中扮演了重要的角色，人的生老病死，一年的岁时节日，抑或家里鸡毛蒜皮、丢鸡走狗等小事，都可以跟土地庙和庙里的土地爷关联上。

土地神在很多地方是全知全能的，它和普通百姓及其生活最为亲近。人们对待它的态度也非常有意思，有时将其视为神灵，所谓"当坊土地当坊灵"，大小事务都求助于它；有时则将它视为与己平等的邻家老人，甚至会对其"以牙还牙、以眼还眼"。

本书将以湘中一个平常村落中最普通的土地庙为个案，重点介绍土地庙与乡村聚落的关系，以土地庙为中心的土地神信仰、祭祀活动及其与人们日常生活的关系等内容。樟树湾土地庙是湘中地区一个平常村落中最普通不过的一座土地庙。它不是村子里最古老的，也不是最华丽的。但它和其他土地庙一样承担着特定的功能，在与之相关的民众生活中具有和其他土地庙一样的特殊意义。

一 土地庙

土地庙或土地祠是我国古老而普遍的崇祀建筑。其历史悠久，早在秦汉之际，"县以下之民社，普遍设立土地祠或土地庙……按时举行祭祀活动"。作为一种建筑形式，土地庙的数量庞大，有其自身的建筑语言、构造、装饰及历史；作为村落、屋场景观布局的重要组成部分，土地庙在不同的历史时期，在不同的地域空间范围，有其独特的建筑特点及景观属性。同时，土地庙是人们土地信仰具象的重要载体，是特定历史区域内人们生活的组成部分，是我国各地相对普遍的文化景观之一。

在华北地区，我们常常可以在村庄的入口处看到新修或翻修的土地庙，那是村落的重要标识。一个村子多数只有一个土地庙，用当地人的话说，"土地庙多死人多"，土地庙是人去世后报庙的地方，只能有一处。即使某些村落的土地庙早已被毁，但人们在有人去世时依然会前往他们的"土地庙"送浆水。这些位于村口或村外的土地庙多是石砌的小型土地庙，人不能进入；在河北、山西等地，很多人家院子里的影壁或墙上，我们也能看到土地神像或神龛，俗称"土地龛"、"社神之宅"；在我国福建等东南沿海地区，各家厅堂内都供有土地财神神龛；在澳门，很多人家门口供奉有"门口土地财神"牌位；在山东枣庄张家湾地区，我们见到一些墓地墓前有墓碑、墓后有"后土之神位"的石碑。

土地庙的建筑形制颇具特色，且富于变化。我国较常见的土地庙多半造型简单，大体可分为庙宇、龛位或神位和袖珍"磊"型等多种类型。各地的土地庙除了在主体建筑形制上有不同外，在装饰及职能等方面，也存在差异。有的土地庙非常简陋，只有土地庙主体，没有任何装饰；多数土地庙则有多样化的装饰，比如，土地庙对联、土地袍（土地神像）、土地庙门笺等。

土地庙的修建在各地有所不同，有的地区以村落为单位，土地庙是村落独立的重要标识；有的地区以家族和屋场为单位，一个屋场一座土地庙，土地庙与居住在这一屋场的家族同呼吸共命运；有的则以家户为单位，各家供奉自家的土地财神或家兴土地神。

1. 土地庙与乡村聚落

在我国大部分地区，特别是北方一些村庄，土地庙的修建多以村落为单位。"对一个村落而言，最早形成的庙宇就是土地庙，土地庙的建立是村落形成的标志性特征"，土地庙是村落独立的重要标识，"对华北地区的村落而言，村落独立的标志应该是土地庙"[1]。土地庙是作为村落之神，作为一村之主而存在的，基本上是村村都有土地庙。满铁资料（满洲铁路调查局《中国农村惯行调查报告》第1卷）中有这么一则访谈材料：

问：土地庙和关帝庙有什么不同？
答：土地爷只管一村事务，而关帝爷的神灵则护佑全国。
问：外村人向（你村）土地庙进香吗？
答：不，即使进香也不灵验。

---

[1] 黄忠怀：《从聚落到村落——明清华北新兴村落的生长过程》，《河北学刊》2005年第1期。

问：向关帝庙进香吗？

答：不论来自何方，任何人都可以向任何一座关帝庙求签。

这一则材料，在一定意义上，回答了华北地区村落之中土地庙与关帝庙的区别以及土地庙的村落特征。土地庙与关帝庙在我国都分布广泛，但土地庙有特定的管辖区域，不同土地庙的土地神的职权范围是有别的。

与北方土地庙的村落属性相区别的是，南方部分地区的土地庙有其家族属性。在这些地方，土地庙的修建并非以村为单位，而是以家族，特别是以屋场为单位。当然，土地庙的家族属性并不排斥其在空间上的屋场属性，即以聚居在一个老屋场的家族为单位，修建土地庙。一个姓氏的家族可能分居在一个村子的两三处屋场，各处屋场分别建有土地庙。在这一层面而言，土地庙的地缘属性远胜其家族属性。只不过，南方部分地区的土地庙所辖范围更精细，基本以聚落为标准，即"人群聚居的最小单位"[1]。依屋场来修建和祭拜土地庙，基本是综合了家族聚居与地域空间的聚落形式。尽管这几个土地庙里供奉的神灵都是同一个土地公公、土地婆婆，但各个屋场人祭拜土地庙时不会跨越自家屋场所在的土地庙界限。

樟树湾土地庙因樟树湾而得名，是樟树湾人修建，用来供奉土地的。位于湘中地区的樟树湾，隶属于原湘乡县龙田乡金蚌保。金蚌地区属丘陵地带，有水田、旱土。水田主要种植水稻，旱地则种植各种蔬菜，也种植大豆、花生、茶叶、芝麻等作物。

在金蚌地区人们多是聚族而居，一个屋场住的是一家族人。这里

---

[1] 林美容：《土地公庙——聚落的指标：以草屯镇为例》，《台湾风物》1987年37（1）。

池塘边的油菜籽即将成熟。油菜籽收成比较好，可以压榨油菜籽油，不少人家原本种蔬菜的旱地也开始种植油菜。（王素珍摄，本书图片除署名外均为王素珍摄）

樟树湾老屋场的老房子大部分已经拆除重建或废弃，此处保留的一处相对完整，包括中间两厅屋，两旁为茶堂和房（即卧室）。青瓦、木梁，房身为全土砖，厅屋前的柱子由青砖石头砌成。隐约可见墙壁上的毛主席语录

一 土地庙 | 9

樟树湾老屋场前的小池塘

池塘边长满了藿香、薄荷、紫苏等植物，地里种有菊花，池塘中有茭白。在老屋场鼎盛时期，这里是人们洗衣洗菜之处，也是小朋友嬉戏玩闹、摸鱼抓虾之地。如今老屋场衰败，池塘中长满了杂草，而盛开的金银花则为废弃淤塞的小池塘增添了几分姿色

各村姓氏较杂，主要的姓氏有王、胡、刘、康、谢、彭、朱、宋、马、黄、罗、李、向、曾、龚、赵等。樟树湾作为王姓家族的一个老屋场已有上百年的历史。早先，老屋场前有一棵大樟树，屋场前有两个池塘。这里居住的人们记忆较早的祖先是王槐明，人称槐明五，当时他作为王家的户长在金蚌置地建房。传说，槐明五当户长，经常往来于金蚌与王家水口祠堂，每次都骑马出去，因此，樟树湾老屋场不仅房子不错，并有专门的马栏，作养马之用。王姓家族在金蚌有房有地，吃穿不愁，困扰槐明户长的是自家的祖坟山太远，上坟山很不方便。于是，他没事便在樟树湾附近的山头转悠，不久，他相中了一处地。这山地是宋姓家族的，虽说两家平时也有来往，关系不错，但槐明户长想要这处地，人家宋姓家族肯定不会轻易让出。槐明户长不动声色，等待时机，欲想办法获取。

后来，槐明户长的爷死了。槐明户长去找宋家，跟他家管事的计较（方言：商量）说：我的爷死了，可家离这很远，不方便，没处葬。可否借两尺土给我，只需埋三年，三年后就迁走。宋家人和他关系一直都比较好，便一口答应。槐明五就将他的爷葬在了自己先前相中的地里。三年后，宋家人去问他："槐明户长，槐明户长，你家那间坟该迁了吧！"槐明五故作惊诧道："啊，我家坟要迁？俗话说得好：'起

房不改,埋坟不迁。'迁坟?自古以来都没这回事。"宋家当然不肯罢休,没办法,两家只好打官司。官司打到湘乡县。槐明户长事先有准备,想出一主意:带些糖果、包子之类吃的,到五里山那随处散发,对老人、小孩说:"明天湘乡县领导要到我们那来参观槐明坟山,你们要说到槐明坟山去看热闹哦。"并跟他们许诺,如果说了,并到槐明坟山去,会有糖吃。湘乡县领导到樟树湾来了解情况、调和官司双方时,五里山是必经之地。湘乡县领导人还未到,就听到那里的小孩都高喊:到槐明坟山看去哟,槐明坟山有好把戏(即热闹)看啰!于是,领导把宋家人训斥了一顿:你们说这地是你们宋家的,可根本没

樟树湾老屋场的老房子
历经一百多年的风雨,这些房子依旧挺拔,但人们的离去,让老房子黯然失色。老屋场前昔日喧嚣的大道已经杂草丛生,水田渐次荒芜,悠闲散步的母鸡在抛荒的水田中觅食。老房子正在老去,老屋场已经远去

人说是宋家的,三岁小孩都说是槐明坟山呢!明明是王姓槐明户长家的,你却偏说是你们宋家的,哪有这样的道理?最后,判鞭打宋家人,这处地就被王家葬成了,槐明坟山成了樟树湾一带王家的祖坟山。

1949年后,槐明五的后辈住在樟树湾老屋场,各自分立门户,约有十来户。七八十年代,不少人家都从老屋场迁出,纷纷在附近开辟新的屋场地基,盖建新房子。老屋场的老房子也几经盖建,住户越来越少,昔日的繁华与喧嚣逐渐消失。唯有老屋场前的池塘、土地庙依旧在默默诉说着这里的人家古往今来的是是非非,家长里短。

2. 土地土地，只管五里

土地庙管辖的范围在不同时期不同地区是有区别的。一般土地庙管的地方都比较小，只管一个村或者某一地段。古时《周礼》曰，"二十五家为社"。《汉书·五行志》称，"旧制，二十五家为一社"，古人有敬地封土之传统，"土地广博，不可遍敬，故封土为社而祀之，以报功也"。在我国北方大部分地区，基本上是一个村一个土地庙。个别村庄因为村子太大，占地太广或其他原因，有两个或多个土地庙。

虽然有许多庙宇都是需要的，但最可能建造的庙宇是两个，一个是供奉地方神的庙，另一个是供奉战神的庙。后者的神主要由当朝朝廷来供奉，并且被提升到众神庙的形式。前者的神被认为是阴世的警官，一旦某个成年人死了，他立即就知道了，然后他向城隍报告，城隍再报告给阎王。如果一个村庄没有地方神庙，即土地庙，那么，死人的讯息只能通过大声恸哭的声音穿过两条街而转达给土地神，假定他就埋伏在那边。

成千上万的村庄都满足于这两种庙宇，它们也差不多被认为是不可缺少的。如果村庄比较大，被分成了几个公共事务相对独立的部分，那就可能有几个同样的神庙。俗话说：村上两头的土地爷互不相干。就表明了中国人在这问题上的观念。[1]

土地是民间小神，俗传，"土地土地，只管五里"。来自湘中的网友"十年砍柴"回忆小时候看木偶戏的剧情，清楚地记得其中土地爷的台词"土地土地，只管五里。过了五里，莫怪我土地"。

> 小时候在老家看"木脑壳戏"（木偶戏），演得最多的是薛仁贵征东或征西，有白马白甲救驾的一场戏，当时薛仁贵还是个无名小将。御驾亲征的唐太宗李世民被苏宝童或是盖苏文追赶，陷进淤泥河，几近丧命，大声悲叹：哪个救了我李世民，唐朝的江山凭半分。李世民被追赶时，薛仁贵还在大营里休息，这可坏了土地，大唐天子要是死在自己的辖区内，这个责任怎负担得起？他便将薛仁贵推醒，让他鬼差神使般骑马、挎枪去河边搭救李世民。土地神有一句道白至今记忆犹新，他急忙忙起来催促薛仁贵时，边走边说："土地土地，只管五里。过了五里，莫怪我土地。"管方圆五里的职权能有多大？古代"五户为比，五比为间，五间为族"，我总怀疑这"五里"是"五间"。[2]

---

[1] ［美］明恩溥：《中国乡村生活》，陈午晴，唐军译，时事出版社，1998年，第133页。
[2] 十年砍柴：《陋村小庙的兴衰》，《文史参考》2012年第1期。

《吕氏春秋·禁塞篇》高诱注"五家为比，五比为间（即里），里二十五家"，《商君书·赏刑篇》"里有书社"。金蚌地区，老人们常说，一个土地管二十五里，掌管和保佑一方水土。比如说金蚌地区虽然土地庙很多，星罗棋布在乡间各处，但其供奉的土地都是一个，即"通灵土地"，它管辖的范围就是二十五里，也即同德二十五都。金蚌各处的土地庙，很少有写或刻具体名称的，我们所提到的诸如马板塘土地庙、樟树湾土地庙、大屋里土地庙等均是当地人根据土地庙所在老屋场位置和名称而称呼的。

坝塘土地庙

此土地庙是近几年新修的，原土地庙随着人们新盖房子搬离而被废弃。此土地庙是专门请师傅修砌的，镶嵌了瓷板砖，并盖了时尚新潮的红瓦。其最特别的地方就是镶嵌了"坝塘土地"的名号

但在最近几年新修的土地庙中，个别土地庙前的瓷板上留有该土地庙修建地的名称，比如，坝塘土地。

马板塘土地庙是金蚌地区最大最古老的土地庙，号称金蚌第一土地祠。"文革"中被毁，2004年重修过的土地庙上刻有其简明历史：

> 该土地祠由明清两代前辈兴建，后被潮流所毁。现由王次贤、王冶生、王桂芳、向正良、胡金秋为首于二〇〇四年春季重建。匠师彭春桃。

走在金蚌的乡间，不时可以看到土地庙。各处土地庙的修建依人们的生活需要而定。老人们讲，过去，土地庙的修建，基本上是一个

石竹湾老屋场
这是金蚌地区保存相对完整的一座老房子。房子坐东朝西，前面有池塘，后面有竹山。房子基本上是木梁砖瓦结构，修建年代较早，留有不同历史时期的印迹。胡正时摄

老屋场一座土地庙。屋场是相对独立的，一个屋场和其他屋场之间会有一定距离，一个老屋场多是一个家族聚居，包括多家住户。为了方便起见，一个屋场就会修建一座土地庙，供这个屋场里所有人去祭拜、敬供土地。樟树湾老屋场，聚居着王姓槐明五家族，房子前池塘边（樟树塘塘基背后，小池塘尾巴处）修建了一座土地庙，坐东朝西。土地庙最初是砖块垒的，上面盖有一片瓦。樟树湾王姓十来户人家共用这一土地庙。20世纪八九十年代，樟树湾老屋场的各家各户开始另寻新的屋场，分散居住。因为各家离老屋场都比较近，去原来的土地庙进香供奉都很方便，所以土地庙的位置一直没有变动，尽管它前面那条小道渐渐废弃，很少有人再走了。2000年，村里修水泥马路，留在老屋场的两三户合计（商量），把马路连接到樟树湾老屋场各家门口。在加宽樟树塘塘基（池塘堤岸）时，人们为了防止车轧过后，遇雨水时崩塌，在土地庙所在的地方砌上石堤加固。土地庙的地址虽没有变动，但土地庙却重修了。以前的砖瓦结构，变成了现在的砖石结构。土地庙成为石堤上留出的一个洞门。

土地庙一般很简陋，造型简单，占地很少。土地庙的用材有多种，

解放前很多都是就地挖个小坑，上面盖一片瓦；有的利用老树上的树洞，置一破碗于里；稍微好一点的，用两块石板或砖头垒就，上面盖瓦或石板。在某种意义上，这是我国古代树社、土社、石社传统的存续。古代树社不分，于是，乡村许多土地庙与大树或老树多有联系，土地庙旁或庙后常有一棵大树。七八十年代以来，乡村土地庙也经历了时代的变革，改头换面，变大、变华丽了。土坑式土地庙不见了，最寒碜的也是用红砖垒成。有些新修的，非常讲究，不仅镶嵌华丽的瓷板，有的土地庙还盖上时尚的红瓦。庙前，也加建有专门供人跪拜用的台阶及焚烧钱纸的香台。土地庙的大小没有一定之规，简陋的，自己用砖块垒成；讲究的，请专门的砌匠来帮忙。土地庙形貌的变化在不同时期、不同地区有着不同的表现，一般而言，是由小变大，由矮变高，由简陋变牢固。

樟树湾土地庙

这个土地庙非常简陋，如果不是有一两块红砖提示，人们通常会误以为这只是樟树塘塘基上一个掉了块石头的石洞。土地庙里没有放置土地神像，庙前也没有留残碗破钵。而东倒西歪的几根残香余烛告诉人们，此庙香火尚存。胡正时摄

樟树湾土地庙

原为砖瓦结构，2000年修马路时，建塘基石墙时改建成现在的砖石结构。为樟树湾人所修建，土地庙里供奉土地公公、土地婆婆，没有土地神塑像，偶尔有人家送纸质土地袍。胡正时摄

土地庙大体可分为庙宇、龛位和袖珍房屋等几种常见类型。庙宇型是土地庙中等级最高的建筑形式，多是建构较简单的单开间房屋，内设神案，上置土地公、土地婆或其他神灵的塑像，有供桌，供摆放贡品及上香所用。这一类型土地庙在福建沿海一带比较常见，在福建

厦门同安一带，村里的土地庙多是庙宇型的。龛位型土地庙是形式最简单的土地庙，多位于家中，往往仅是一神龛、一照壁，甚至只有一张书有"土地之位"的红纸。龛位型土地庙多供于家户院子里或堂屋里，在我国北方，特别是河北地区，几乎家家院落里都供有土地神龛，且风格丰富多样，有供土地神雕像的，有张贴土地神画像的，也有直接在院子影壁上画土地神像的。袖珍型是土地庙最常见的形式，三面封闭，一面开敞，高及一人或有不足，内放小塑像或土地袍于后壁，两边有的写对联。[1] 金蚌地区的土地庙基本上都是袖珍型土地庙，数量众多，外形简单。普通的土地庙里空无一物，也有少数土地庙里或庙前摆放一破碗，个别庙里会放土地袍或土地塑像。此外，福建厦门有一土地庙为石柱型，即只立一石柱，上书"福德正神"，石柱顶端为庙宇飞檐形状，底端立石板，设香炉。

建宁湾土地庙
此土地庙位于大树底下，其处于三条道交会处，旁边临近池塘，是一老土地庙。由几个红砖堆垒而成，上面盖一木条板，散放几片破瓦

---

[1] 田志敏：《苏州旺墓村土地庙探析》，东南大学，2007年硕士论文，第11页。

福德正神
福建厦门同安。叶梅斌摄

土地神
此为河北范庄普通人家在庭院中供奉的土地神

3. 土地庙的选址

乡村土地庙的选址非常有讲究，与乡村聚落景观及人们的传统风水观念息息相关。依土地庙的方位可以看到该土地庙所管辖的范围，土地庙多坐落在入村口、道路旁、大树下、流水边。在金蚌，土地庙旁的道路多是大家出入老屋场众多房子时的必经之路。外人来土地庙管辖的老屋场，必先经过土地庙。这和北方很多土地庙建在村子入口处，异曲同工，都包含有"入境问土地"之意。土地庙的位置标志着这一屋场的边界，人们见到土地庙，就知道前面这一片屋场是属于这一土地庙所管辖。

在山东沂蒙地区，各村土地庙的选址与形制不同。有的村子土地庙在西边，有的在东边，很少有在村子中间的。费县南部大井头村，该村的土地庙原来建在村子南边，随着村里人口的增长，村落范围扩大，土地庙逐渐被后来新建的房屋围到了村子中央。后来，该村子连续几年出现村民异常死亡现象，村民只好请风水先生来查看。风水先生看过后，认为异常死亡是土地庙被围在村中央影响了整个村子的风水所致。于是，村民集资将土地庙迁到村子西边。枣庄山亭区的兴隆庄，土地庙即三圣庙是村落的重要标识。由于旅游开发,村落面临整体迁移。旅游规划将土地庙也列入景点,提出为新搬迁的村庄重新修建一座土地庙,以供村民使用。废弃旧有的土地庙,新修土地庙的提议在村里引起轩然大波,村民纷纷反对。对村民而言,村落整体迁移,作为村落标识的土地庙应该继续承担这一象征和实际功能,村庄的土地庙不能作为旅游观光产品供外人游览观看。围绕土地庙,村民与旅游规划局进行了长时间的僵持与协商。

大屋里土地庙
大屋里的人们对新修的土地庙可谓"用心良苦",不仅将其建在交叉路口,临水面路,同时,还在土地庙周围栽植了树苗及四季常青的景观植物。胡正时摄

金蚌地区的土地庙与人们的居住空间特别是屋场关系密切。土地庙的兴衰变迁在一定意义上见证了人们居住的整个屋场的兴衰。屋场附近通常有道路,临池塘,栽种有各种树木竹林。土地庙的选址最重要的因素是必须有路,而且必须是很多人来往的必经之路。在一定意义上,道路的"人气"代表着土地庙的兴旺;没有人了,土地庙也就被废弃了。同时,金蚌地区的人们认为,土地庙供的土地神是正神,可以保佑一方平安;将土地庙建在路边道旁,有"正大光明"

土地庙与人家
金蚌地区的人家都有自己所属的土地庙来守护。这户人家原本住在大屋里老房子中,后来新盖了房子,离老屋场太远,离大屋里土地庙也很远。为了方便,自家修建了此处土地庙。土地庙与房子隔着菜地,用红砖堆砌而成,简单而实用。胡正时摄

之含义。[1]此外，风水也很重要，有树有水是最佳的风水。大多土地庙都是背倚大树，一衣带水。在金蚌地区，池塘纵横，土地庙的选址首要考虑的要素之一，就是要临水。这一点，在台湾的南投县也有类似的情况。

  土地公庙的位置多在庄后，所谓庄前庄后系就水流所经之前后而论，水道蜿蜒流过聚落，而土地公庙就守在庄后"把水尾"，面向着水流的方向，意味不使社区的财富往外流。水源对农村社会非常重要，土地公庙的座向反映出"肥水不落外人田"的心理。草屯镇北有乌溪，东有猫罗溪，中有隘寮溪，但湍多水急，不利灌溉。不过草屯镇水利开发甚早，境内满布圳沟渠，主要有北投新圳、龙泉圳、埔仔圳等。

  也有些土地公庙是面向着河水，如下双冬土地公庙，在双龙隧道的上面，从庙前可俯看乌溪河水及溪旁的下双冬部落。居民谓此庙甚得风水之利，故"浮字"很有灵验，大家乐玩徒常常到此给土地公烧香，将线香平置香盘上，香灰会"浮字"，识者可看出两个阿拉伯数字。不管溪水或圳道流经，土地公庙的座向必与水流的方向相逆（垂直亦可），绝不能顺着水流方向，否则称为"倒落水"，顶茄荖福德正神庙曾因"倒落水"而重建改变座向。[2]

  樟树湾土地庙的地址，是老辈们选定的，一直没有变动。土地庙坐东朝西，位于樟树湾老屋场前，在樟树塘的塘基底下，又恰好处在

---

[1] 访谈人：王海珍。讲述人：胡斌生。访谈时间：2012年11月25日。访谈地点：马板塘土地庙附近。
[2] 林美容：《土地公庙——聚落的指标：以曹屯镇为例》，《台湾风物》1987年37（1）。

道路旁的土地庙
土地庙总是位于道路旁。此条大道是东西走向的老道，人来人往，更重要的是，此路直接通往毛洼塘的塘基。水对金蚌的人而言，太重要了，有池塘就有水，有水就有人家。胡正时摄

两条分岔路口，这两条路都可以通往樟树湾。老屋场坐北朝南，背后有靠山，前面有土地庙把守，风水是极佳的。樟树湾土地庙与樟树湾这一老屋场的家族及人，乃至这里的人所蓄养的六畜的兴衰都密切关联着。樟树湾土地庙里的土地神庇佑着这里的一切，从人的生老病死，到家族的发展壮大、个别支系的衰败沉沦，甚至这一地域内，鸡鸣狗叫等，都属土地神管辖范围。围绕着樟树湾土地庙，曾经并正在上演着多样的经历和故事。

4. 土地庙的修建

土地庙的建筑形制各不相同。通常，比较富裕的村落，土地庙修得比较好，有房有舍，有的还在上面覆以琉璃瓦，里面塑有"土地公"、"土地婆"泥像。有的村子土地庙比较简单，往往是两块竖条的石块上面横上一块石板。不同时期，人们因为各种原因需要新建或重修土地庙。老人们常说："建土地庙本来就是每个地方的习俗，土地庙可以庇佑一方水土，当然要建。"

修建土地庙时，选址非常重要。在金蚌亭子坳有一土地庙，原来位于马路边上，刚好马路在此有陡坡，地势不平。这座土地庙离马路太近，容易导致交通事故的发生。于是，管马路的公家人要求迁走这一土地庙。修建这一土地庙的几家人没办法，只好重新合计，将其搬到村里变压器室旁边。搬迁后的土地庙离这几户人家相对较远，和传统的土地庙选址原则相去甚远。因此，过往的人都会觉得奇怪，不能理解这个土地庙为何建在此处。大家纷纷议论：它所辖管的人家在哪里？什么人家，怎么将土地庙建在这前不着村后不着店的地方？

金蚌地区较普遍的现象就是，原来住在老屋场的住户另选屋场营

大屋里老屋场里残留的老房子
老房子很古老,除了地坊(门槛)是石板,其余全是土木结构。如今已废弃,无人居住

建新房,有的老屋场由于大部分住户的搬迁而衰败。原先一些老屋场的土地庙也因为住户的迁走,衰败或废弃不用。有的住户新房离老屋场很远,如此,他们去土地庙就不方便了。人们依远近,重新组合,几家靠得比较近的人一起新建土地庙也就成了较为普遍的事了。

坝塘几户人家从老屋场搬出来了,在另外的地方新建了房屋。原来位于黄家附近的老土地庙因人们的搬走而废弃。[1]新搬的几家没有土地庙可用,于是商量决定合资新修一座土地庙。大家聚在一起,商量土地庙的选址,有人提议路旁有一处空地,离这几家都比较近,又刚好适合建土地庙。接着请师傅来修建,跟他建议,大概在哪个地方建多大的土地庙。师傅再根据地形,适当调整。

土地庙的选址一般依据地形,也有以问卦的形式来决定。有的主

---

[1] 坝塘黄家是外来姓氏,解放前,黄姓人家从湘潭迁居金蚌,主要靠打镰子为生,"土地改革"时,在金蚌入了户,分了田土,定居下来。

家不太讲究，请师傅直接依地形建好土地庙，修建之前和之后都不打卦。有的人家讲究，喜欢按老人们的传统，用打卦的形式来决定土地庙的选址。主家先选好地方，请来砌土地庙的师傅，备好钱纸、线香、鞭炮，请师傅就地问卦，如果土地爷同意，那么就需要连打三个卦（卦的顺序必须是宝卦、阴卦、阳卦），俗称打"穿程"或"太平卦"。如果土地公不同意，则往前往后往左往右挪挪，再问卦，直到打"穿程"或"太平卦"成功为止。当时修建蒿子坪土地庙时，在预先选好的地方，打卦问土地爷是否愿意在此建庙安家，土地爷不同意。师傅根据地形，将建庙地址往旁边挪了挪，再问卦土地，土地爷用卦象表示同意，主家请师傅就地修建。

坝塘土地庙的修建基本依地形而定，师傅根据主家选好的地，就地修建。土地庙的长、宽、高没有一定的规定，全凭师傅的经验。师傅一般都盖过房子，土地庙可以说是一般住房的缩小版。主要建筑材料现在是水泥、沙子、红砖。土地庙的顶各有不同，有的用整块的石板，有的则用大片的红瓦，还有的有梁，用木头架梁，再盖瓦。

土地庙修好后，会有或简单或繁复的仪式。主家要备好纸钱、线香、鞭炮，讲究的人家还会带上供品，多为水果或饭菜。请土地爷安心住在土地庙里，并祈求他保佑这几家家财兴旺、家畜兴旺，等等。马板塘土地庙重修落成时，由于远近人们捐献的钱比较多，除了付给工匠的工钱和修建土地庙所需的材料费外，还剩余一部分钱。这部分钱，经为首的人倡导，在土地庙修成那天，请人来唱戏。唱戏的台子就搭在土地庙旁的田地里，观众和参与者是金蚌远近的民众。此时唱的戏是"木脑壳戏"（木偶戏），并非专门为土地神唱的戏，而是平安戏，即保佑一方平安的意思。选择在土地庙旁搭台唱戏完全是因为土地庙作为一公共场合，没有比它更合适的地方可以唱戏。

5. 对联及装饰

土地庙对联是较为常见的土地庙装饰。唐修塔，宋修庙，有庙必贴对联。土地庙对联在我国各地都可以见到，且富有地域和时代特色，幽默风趣而不乏个性。

比较常见的土地庙对联多采用一语双关手段来敬颂土地和土地神。如"土能生万物；地可发千金"，"地灵宏化育；土厚广滋生"，"土中生白玉；地内出黄金"。

有的土地庙对联，多反映土地庙所在位置的地理特色，如有人在鄂皖几个县收集到的土地庙对联："青山横一庙；绿水绕三桥"，"坐山头保一方清泰；镇水口佑四季平安"。土地庙多临水面道，有古树庇荫，有流水做伴，更喜看人来人往。

土地庙对联在不同历史时期有着不同内容，人们借其或抨击时政、或彰显立场，颇具时代气息。1931年，河南马凌仙为灵宝县自家村里的土地庙写对联："割土立条约，无怪东省沦日本；遍地成鸦片，深恐烟鬼卖中国"，讽刺东北伪满洲政府傀儡卖国。辛亥革命后，民国政府下令废除旧历，禁止过旧历年，在全国推行公历。此令一出，全国哗然。老百姓照样过年，燃放爆竹彻宵不绝。当时长沙有土地庙贴出对联："男女平权，公说公有理，婆说婆有理；阴阳合历，你过你的年，我过我的年。"解放前夕，有土地庙贴对联"婆婆莫擦摩登红，谨防特务打主意；公公要留络腮胡，免得保长抓壮丁"，"米涨油涨煤涨盐涨天天上涨；省长县长乡长保长年年高升"。人民公社时期，某破庙贴出对联："人民公社一支花，饿着肚子谁要它。"

土地庙庇佑一方，疾恶如仇，为民伸张正义、主持公道。有土地庙贴联："头上有青天，作事须循天理；眼前皆赤地，存心不刮地皮。"鄂皖张冲土地庙联："土居户总望丰年，真来求我；地方鬼虽能管事，切莫靠他。"张河社土地庙联："都是土生土长，相煎何其太急；本该爷育娘怀，互吃总得容情。"林家岭土地庙联："这土地越来越薄何能再刮；吾功夫更炼更精岂会多伤。"[1]

土地庙里供奉土地公公、土地婆婆，人们在书写土地庙对联时，运用拟人手法，叙事说理："公公十分公道；婆婆一片婆心"，"公公白发经世久；婆婆老眼望春多"，"炷披群生堪公道；神凭斯土有婆心"，"丰此社坛丰岁物；乐斯乡土乐天民"，"我夫妇二人举足不离拐杖；他兄弟五个动手便是刀枪"[2]，"五猖御寇维安乐；二老精心保太平"。

有些土地庙或土地祠对联有某些行业特征。如："人不在多，两三人也能出戏；事莫作过，千万事总好下台"，"你看那些人，一出

---

[1] 汪从元：《土地庙的妙联趣事》，网易博客：民间湖北。

[2] "兄弟五个"，指有些土地庙供奉的五猖神。这里指的是大别山腹地的请菩萨活动，所请菩萨叫五猖。道教打保或其他活动，道士穿法衣，仗剑执令旗，屈屈跳跃，喷水成雾，挥剑斩魔。五猖神由五个青壮年穿上法衣，绘画脸谱，手执刀叉，照道士的指向，挥舞刀叉，摇动作响，口打哦吚。从主家出发，围绕本地土地社所管范围跑一圈，捉鬼赶怪。这个活动的组织及表演形式保留了荆楚大地远古一种驱逐疫鬼的迎神赛会的做法。

场便装模作样；我爱这场戏，到头来是教愚化贤"，"土地庙前做台基，二老笑孜孜，知其情愿；朱屋街上收戏价，大家齐备备，谅不麻烦"。此外，某青楼巷口土地庙有联云："这一街全都卖笑，我二老全不出声。"

阳间重颂圣，神鬼重祭拜，人争一口气，神争一炷香。土地庙喜香火，"莫笑我寄居村下，还要你跪在面前"，"莫道我庙小无灵，许个愿试试；休言你多财善贾，不烧香瞧瞧"，"莫嫌我庙小神小，不来烧香试试；休仗你权大势大，如要作恶瞧瞧"。

金蚌地区的土地庙少有贴对联的，偶尔能见到，也是"土能生万物，地可发千祥"等最常见的对联。倒是南泉寺前的伽蓝祠，书有对联："问神吾土地也，传奏若雷霆然。"在福建厦门同安地区，有些土地庙除了贴对联，还在土地庙门口挂有门笺，土地庙墙上挂有彩布刺绣和流苏等装饰。

金蚌圣殿（燕子岩庙）前的土地庙

金蚌圣殿庙前建有土地庙，并贴有对联：土能生万物，地可发千祥

伽蓝祠

伽蓝祠里供有土地爷神像

福德正神庙内陈设

福德正神庙里供奉的土地神像，因多次失窃，后来加铁栏杆和铁锁。2013年，叶梅斌摄于福建厦门同安

小知识◎屋场

屋场，在我国很多地方，特别是在湘中地区，是一个特殊的民间语汇。"屋场"以屋为中心，构成了丰富而多层面的内涵与外延。"屋场"可以指盖房用的地，常与"地基"连用，如打（或挖）一个"屋场地基"，到县城去获批这块"屋场地基"，最后顺利盖房子，是很多乡下人一辈子的最大梦想。"屋场"可以指以房子为中心的聚落，且有新老之分。屋场最初是以家户或家族为单位，单独家户可以开辟新屋场建室造房，随着家户的繁衍，新屋场逐渐成为老屋场，规模也逐渐扩大。也有的屋场是由家族（或多个家户）联合开辟，共同营建和居住。一个屋场可大可小，小的屋场只有一两间房子，一户人家；大的屋场可以有好几十间房子，几十户人家。有的老屋场几十年、几百年沿袭下来，成为较大规模的独立聚落。这些或新或老，或大或小的屋场本身就已经构成多样化的聚落形态。

二 土地神

土地庙里供奉着土地神。土地神又称土地、土地菩萨、土地公(公)、土地爷、福德正神、后土、伯公等,很多地方的土地神为一对,即土地公公和土地婆婆。

土地神有多种,可以分为官衙土地神、学府土地神、寺观土地神、住宅土地神、乡村土地神等,民间也有村寨土地、花园土地、山神土地、庙王(神)土地、桥头土地、猪栏土地、家堂土地等的区分。土地神的丰富多样性与中国悠远流传的土地神信仰密切相关。土地神源于古代的"社神",是掌管一方土地的神灵。《公羊传》注曰："社者，土地之主也。"汉应昭《风俗通史·祀典》引《孝纬经》曰："社者，土地之主，土地广博，不可遍敬，故封土为社而祀之，报功也。"清翟灏《通惜编·神鬼》："今凡社神，俱呼土地。"清人赵懿《名山县志》，土地神不一，有多种名目，其中有花园土地、青苗土地，还有长生土地（家堂所祀）、庙神土地等。清李风翙《觉轩杂录》："土地，乡神也，村巷处处奉之，或石室或木房。有不塑像者，以木板长尺许，宽二寸，题其主曰某土地；槊（塑）像者其须发皓然，曰土地公，妆髻者曰土地婆，祀之纸烛肴酒或雄鸡一。俗言土地灵则虎豹不入境，又言乡村之老而公直者死为之。按土地不一，有花园土地……有青苗土地……有长生土地，家堂所祀，又有拦凹土地、庙神土地等，皆随地得名。"

土地神有很多种，有长生土地（家堂所祀）、山神土地、庙神土地、花园土地、桥头土地、店舍土地、灶头土地、田头土地、当坊土地、青苗土地、拦凹土地……土地神在明代倍受崇敬，当时不仅各地村落街巷处有土地庙，甚至"仓库、草场中皆有土地祠"。土地庙，又称福德庙、伯公庙，为民间供奉"土地神"的地方。大陆的土地庙在"文革"时作为"四旧"大部分被捣毁了，改革开放以后，有的地方才恢复和发展起来。土地神的形象大都衣着朴实，平易近人，慈祥可亲，多为须发全白的老者。一般土地庙中，除塑土地神外，尚塑其配偶，惜称"土地奶奶"，与土地神共受香火供奉，没有特殊职司。据传说农历二月初二为土地公诞辰，八月十五日为其成道升天日。旧时，官府和百姓都到土地庙烧香奉祀。现在初一、月半到土地庙烧香的依然十分普遍。[1]

在樟树湾，人们说不清楚关于土地菩萨的来历及具体情况。只知道土地公公是一白胡子老头，不时背着他那白色讨米袋出现在人前，有时搞怪捉弄人，有时发善心救助危难中的人。土地婆婆，大家没见过，也没有具体的形象描述，只是在土地袍上或其他土地庙的塑像里依稀出现。尽管如此，樟树湾人关于土地神的知识和记忆依然很丰富、很丰满。

土地只是辖管一方的小神，但在这一方土地上，他却是无所不知，无所不能的全能神。"神仙下凡问土地"，土地是神仙界地位较低的神灵，但却离人们最近，对其所管辖范围内凡间的事了如指掌。在人们的日常生活中，最常见的就是当坊土地，也有可能，这是老百姓对所有土地神的统称。当坊土地祇夫子，俗称土府大帝，在有人去世或七月半活动中，当坊土地是必须敬拜的神灵之一。

---

[1] 赵冬：《土地公公》。新浪博客：赵冬的 blog。

1. 土地原是天上人

土地神究竟姓甚名谁？各地的人们说法不一。土地公公有真名实姓的很少，人们大多只称其为土地爷。土地公公常常用泥塑或石雕而成，形象为一穿长袍戴乌帽、慈眉善目、银须飘飘的白发老翁[1]，他旁边的老妇人就是土地奶奶。"民社所供奉的社主，均是有功于本地方的历史人物，或者是地方土地神，并分为社公与社母。"[2]

当然，也有极少数的土地公公具有真名实姓，他们都是去世的名人。相传，最早称为土地爷的是汉代的蒋子文。《搜神记·卷五》载："蒋子文者，广陵人也……汉末为秣陵尉，逐贼到钟山下，贼击伤额，因解缓缚之，有顷刻死，及吴先主之初，其故吏见文于道，乘白马，执白羽，侍从如平生。见者惊走。文追之，曰：'我当为此土地神，以福尔下民。尔可宣告百姓，为我立祠。不尔，将有大咎。'……于是使使者封子文为中都侯……为立庙堂转号钟山为蒋山。"此后，各

---

[1] 《后汉书·方术传》："有社公之名。是天下之神，宜通谓之公，后讹为土地公公，且前袍乌帽，装扮白发翁矣。"

[2] 王永谦：《土地与城隍信仰》，学苑出版社，1994年，第85页。

地有功者死后被当地百姓尊为土地神，清赵翼《陔余丛考·卷三五》称沈约为湖州乌镇昔静寺土地神，岳飞为临安太岳土地神。

在冀东鲁西地区，人们尊奉韩愈为土地神。传说韩愈的侄子韩湘子年少时不务正业，专习《道德经》之类，当时包括韩湘子的父母在内的人都极力反对其不读"四书五经"，专攻"旁门左道"，只有其叔叔和婶婶韩愈夫妇支持他。后来，韩湘子得道成仙，对叔叔婶婶感念不已，一心想助他们成仙。恰逢有一吉时，如按韩湘子吩咐办事，韩愈夫妇便可成仙。于是，韩湘子暗中告知韩愈夫妇，并告诫他们到时千万不可睁眼，也不可回头。韩愈夫妇感情笃深，在飞身上天过程中，韩愈不放心身后的夫人，回头了。结果其迅速往下降，韩湘子一看不好，马上告知叔叔，一定要落入城内，不能掉到城外。韩愈听错了，落在了城外。后来通过韩湘子的努力，终于为韩愈夫妇争取到在城外土地庙当土地神的资格。[1]

在湖北沔阳，老百姓有这样的习俗：通常一个土地神管十户左右，每户供奉一年，到二月初二这一天，这十户的户主就聚在当年供奉土地神的主人家，一起烧香祭拜。然后，大家敲锣打鼓放鞭炮，将土地爷从这一户请到另一户去。在这里，土地公公，竟是乡间的一位"吃派饭"的神。

在湘西，土地神不仅有名有姓，且各有分工。"土地神，土地神，家住麻阳阳雀坪，父亲有名肖百万，娶妻陶、麻、李氏人，三人生下九个崽，封为九个土地神。大哥：封为天门土地神。主管天地文牍往来禀告。'敬表之人来敬神，文书累累上天庭，行文将要经他手，文武两教将信明。'二哥：封为城隍土地神，主管阴间，扬善祛恶，扶

---

[1] 讲述人：李向振。讲述时间：2013年3月27日。讲述地点：山东济南。

良惩凶。'阴间前门城隍庙，十殿阎君把门神，新官上任均要拜，城隍点名才放行。'三哥：封为山神土地神，主管上山干活：打猎、伐木、烧炭。'上山之人来敬神，珍禽异兽满回程，樵木解板山间人，人人得利转回程。'四哥：封为衙前土地神。管衙门诉讼之事。'告状之人来敬神，十堂官司九堂赢。'五哥：封为把坳土地神。管过往行人平安。'过路之人来敬神，来得清洁去得平。'六哥：封为桥梁土地神。管修桥、补路，行善积财做好事。'贵儿贵女来敬神，长命富贵易成人，积财行山功果果，天地阴阳记得明。'七哥：封为街坊土地神。主管商业贸易。'生意之人来敬神，一本万利转回程。'八郎：封为当坊土地神。专管六畜兴旺，人丁发达，保佑地方清洁平安。九弟：封为青苗土地神。专管农业生产。'务农之人来敬神，前仓得满后仓存。'"[1]

金蚌地区，人们把土地分很多种：天庭土地、桥头土地、山神土地、当坊土地、兴隆土地（家中香火堂土地代表下坛长生兴隆土地）。在金蚌地区广为流传的"赞土地"仪式活动中，人们讲述着土地神的来源及土地神兄弟的故事：

土地公公本姓王，
一个爷来两个娘。
前娘养他人四个，
后娘又养六弟兄。
洛阳桥前打一仗，
留下兄弟人六个。
各排座位土地神：

---

[1] 赵大福、赵玉德：《江口县原始宗教调查》，见向零、余宏模《民族志资料汇编·第九集·土家族》，第162页。

大哥家堂土地神,

二哥田中土地神,

三哥山中土地神,

四哥菜园土地神,

五哥船头土地神,

六弟年小在家中,

朝中有官他不做,

改名换姓叫"阳春"。

家家户户赞土地,

历代相传到如今。

在福建厦门等地方,土地神为福德正神,"福而有德千家敬,正则为神万世尊"。传说,土地公福德正神本名张福德,自小聪颖至孝。36岁时,官朝廷总税官,为官清廉正直,体恤百姓之疾苦,做了许多善事,102岁辞世。死后三天容貌不变,有一贫户以四块大石围成石屋奉祀,过了不久,即由贫转富。百姓都相信是神恩保佑,于是合资建庙并塑金身膜拜,生意人常祭祀之。也有传说,在他死后,接任的税官上下交征,无所不欲,民不堪命。这时,人民想到张福德为政的好处,念念不忘,于是建庙祭祀,取其名而尊为"福德正神"。在福建厦门,从前有些人到山上砍柴顺便带香和金纸去土地庙烧,保佑自己这一天砍柴顺利。过去人们去土地庙祭拜土地公多是求发财、求做生意顺利。但现在基本上是想求什么就求什么。

2. 家堂土地

除了遍布乡间田野土地庙里供奉的土地神，在我国很多地方，人们家里同样供奉着土地神，民间称其为"家堂土地"、"门口土地"。在我国北方，很多普通人家的庭院里修造有造型各异的土地神的神龛，即"土地龛"，俗称"社神之宅"。在豫西，家家户户院中迎门墙上均有一土地神龛。也有人家不建土地龛，直接摆一土地神塑像或画土地神像于院中影壁上。过年过节，初一十五，有的在神龛或神像前，焚香点蜡祭拜，有的则已没有任何活动。在河北范庄，土地神龛是不能随意敬拜的，当家里有人去世时，必须在土地神龛前设案祭拜。在澳门，很多人家门口设"门口土地"的坛位，土地神牌位的制作材料主要有纸、木和石三类。土地神牌位多书有"门口土地财神"、"门口土地福德正神"等字样。[1]

家堂土地、门口土地的供奉，有着悠久的历史。我国古代的土地神也称"中霤"。《礼记·郊特牲》云："家主中霤而国主社。"郑玄注："中

---

[1] 谭世宝：《在澳门看明清以来土地社稷神坛的变迁史迹》，《中国俗文化研究》2004年第二辑。

雷亦土神也。"宋《春渚纪闻·卷二·杂记·中霤神》载："中霤之神，实司一家之事而阴佑于人者，晨夕香火之奉，故不可不尽诚敬。"[1]《朱子语类·卷九十·礼七》载："此即古人中霤之祭，而今之所谓土地者……虽曰土神，而只以小者言之，非如天子所谓祭皇天后土之大者也。""中霤"作为居室或家庭之保护神、土地神被信奉和祭祀。

近现代学者王国维、王永谦等关于中霤、后土与社作为土地神的研究，主要从文献和现存民俗资料出发。

> 城隍之祀，以城隍之名，义主于土，即古之社神，《祭法》所谓"诸侯为百姓立社，曰国社也"。又城乡土地祠亦然，所谓"大夫以下成群立社，曰置社也"。今大江以南，人家宅神，亦谓之家堂土地。其神盖当古之中霤，亦社神之类也。《礼·郊特牲》云："家主中霤，而国主社。"则一家之中霤，即与一国一邑之社相当，其神亦为一人。《左传》晋蔡史墨言：五行之官，实为五官，"实列受氏姓，封为上公，祀为贵神。社稷五祀，是尊是奉。木正曰句芒，火正曰祝融，金正曰蓐收，水正元冥，土正曰后土"（又曰"后土为社"）。则社与五祀之神即此五官。故贾逵注《左传》云："句芒祀于户，祝融祀于灶，蓐收祀于门，元冥祀于井，后土祀于中霤。"杜注于"后土"下亦云："土为万物主，故称后焉，其神句龙焉。在家则祀中霤，在野则为社。"皆言社与中霤为一神。按：中霤，谓雨水所滴之处。本以地言，则此说似属可信。今之祀公宅神与冢墓之神，均谓之土地，其理一贯。可知今

---

[1] 《宋元笔记小说大观》，第3册，上海古籍出版社，第2381~2382页。

之宅神,实古之中霤,而其神则后土,其名则句龙也。[1]

《月令》孔颖达疏:"中溜所祭则土神也。故杜注《春秋》云:'在家则祀中溜,在野则为社也。'……社神亦中溜神也。"在"王土"上,到处都有土地神,并且与周代的宗法制及分封制相一致,构成一个上自国家社神、下至家庭中溜的土地神宗族谱系,严密监护着周天子的一切臣民。[2]

中霤为家神之主,其祭礼,当别出于其他家神。《礼记·月令》:"仲夏之月,……其祀中霤,祭先心。"郑注:"祀之先祭心者,五藏之次,心次肺,至此,心为尊也。祀中霤之礼,设主于牖下,乃制心及肺肝为俎。其祭肉,心肺肝各一。"[3]

中霤之神作为土地神,特别是家内之土地神、家户的保护神,得到了认同。顾颉刚在抗日时期居于四川,每入人家,辄见堂上设庭置位,而几下左端别供一牌,书曰"中霤之神"。又据孟默闻所述,湖南及云南西部家家奉中霤神。湖南一般写作"中宫土地之神位",右旁书"招财"或"招财童子",左旁书"进宝"或"进宝郎君"。[4]

二曰中霤(用红纸书中霤神位,贴祖堂壁上近地处),朝夕燃香,岁时致祭焉。(上古穴居,故有中霤之名,即土

---

[1] 王国维:《王国维学术随笔》,赵利栋辑校,社会科学文献出版社,2000年,第8~9页。
[2] 王永谦:《土地与城隍信仰》,学苑出版社,1994年,第56页。
[3] 傅亚庶:《中国上古祭祀文化·祭中霤之神》,东北师范大学出版社,1999年,第217页。
[4] 顾颉刚:《史林杂识初编·中霤篇》,中华书局,1963年,第143~144页。

神也。俗传地下有神，曰"土府龙神"。最忌人犯其煞，至有死者，此奠土之所由起也。奠土之法，于中堂设土府九垒后土尊神，五方亦设位，分供东方青帝、南方赤帝、西方白帝、北方黑帝、中央黄帝各土府龙神。道士鸣鱼诵咒，杀鸡滴血洒地。）[1]

中溜，《周礼》五祀之一。中溜神，实际即是屋神。古代掘穴而居，屋中可以流水。许慎的《说文解字》说："溜，屋水流也。"……还有的说中溜就是屋内的土神，如《礼记·郊特牲》"家主中溜而国主社"，郑玄注说："中溜亦土神也。"……有些地方习俗于每年清明、中元、重阳、除夕等节日祭祀祖先，也必祭拜中溜神。而且旧宅换新人居住，居者亦必先饷祭屋神，以求居住平安。此俗台湾地区尤其盛行。[2]

在金蚌，各家各户厅屋里供奉兴隆土地。兴隆土地，俗称家堂土地、家兴土地、本宅土地。家兴土地不在户外，而设在家里，每户人家厅屋神龛下正中（或偏右处）即兴隆土地神位所在，兴隆土地常与瑞庆夫人并列。[3] 金蚌地区，专门负责纸扎的马氏夫家，厅屋神龛下有土地公、土地婆的画像，并画有香炉和焚香场景。一般人家则只有牌位，

---

[1]《醴陵县志·十六卷》（民国三十七年铅印本），见丁世良、赵放主编：《中国地方志民俗资料汇编·中南卷》，书目文献出版社，1991年，第504页。

[2] 王兆祥：《中国神仙传》，山西人民出版社，1992年，第360页。

[3] 祖宗灵位下面的神龛就是土地神的座位，一般写明"本宅土地、瑞庆夫人之神位"，原来瑞庆夫人是土地婆婆的封号。土家族则请道士设天台，打土地醮（闹土地会），唱土地赞子："土发黄金宝，地生白玉珍，栽培通仙道，未来早知音。仰启祠堂土地神，同堂瑞庆王夫人，说得大地随风转，访善察恶奏天庭。"

家兴土地神牌位的形式多种多样，完全按照民间意愿制作。有一些富裕讲究的人家，牌位装饰十分精美；有的人家则只是用红纸写上"兴隆土地、瑞庆夫人之位"；还有的人家什么都不贴，什么标识都没有。不管有没有标识，不管牌位精美与否，各家都有"家兴土地"，其神位都是厅屋神龛下，需要请"家兴土地"时，直接在神龛底下烧点纸钱，念叨"家兴土地"即可。在樟树湾，人们结婚或建新房时，在厅屋神龛下都要贴一张红纸，上面书写有"兴隆土地、瑞庆夫人之神位"。如果说山神土地是保一方民众的，那么兴隆土地则是保佑本家的神灵。家里添丁加口都要向兴隆土地报告，祈求土地神庇佑全家。家兴土地，古称"中霤"，是一般人家所奉祀的神灵。

土地袍及香炉
此为金蚌纸扎艺人马氏夫家厅屋神龛下土地公、土地婆的画像及地面摆放的香炉，2012年，摄于金蚌

3. 土地公、土地婆，
一生一世两公婆

"秤不离砣，公不离婆"，土地庙里多供奉着土地公公、土地婆婆。土地公公是主神，土地婆婆是陪祀神，没有实际的功能。人们只是按现实给土地公配了土地婆。人们到土地庙去烧香上供，主要的祈求对象是主神土地公公。只有在特别的时候，才会专门敬拜土地婆婆，比如说，谁家生孩子不顺利，或是与女性相关的一些事宜，就会求助土地婆婆；甚至此种情况也比较少见。如果有与生育等有关的事情，人们多会去庙里（台洲庙）或观音菩萨处（即南泉寺）去求助，只有情况紧急，去庙里来不及，去土地庙更方便时，人们才会选择去土地庙求助土地婆婆。

金蚌地区，大多数土地庙内，在土地公公的石（画）像旁边，供奉有土地婆婆的石（画）像，土地公、土地婆相随相伴，共佑一方生灵。樟树湾人流传着这样的谚语："土地公，土地婆，一生一世两公婆。"说的是土地公和土地婆，一辈子都是两个人，没有孩子、没有后人。也因为这，这里的人们忌讳二月初二出生，担心和土地爷同一天过生

土地公、土地婆
金蚌亭子坳附近路旁的土地庙里供奉着一瓷板土地袍。土地公、土地婆端坐中央，旁边分立着侍者

日会没有后人。"不孝有三，无后为大"，所以，这一天出生的人，生日也会改在二月初一或初三。

> 咱隔壁家的培叔叔，就是二月初二出生的，因为跟土地老爷同一天生日，家里人就把他的生日改成了二月初一。所以，现在他过生日，都是二月初一。老人们有个说法：土地公、土地婆，一生一世两公婆。意思是说，二月初二生日的话，会像土地公一样，没有儿子，没有后人。[1]

当事人回忆说，确有其事，老人们讲究规矩，主张按规矩办事。但别的地方，有人也是二月初二的生日，他们就没改。所谓"信则有，不信则无"，以前老人们相信这个，就改了；后来的人根本不知道这

---

[1] 访谈人：王素珍。讲述人：胡菊香。访谈时间：2012年8月18日。访谈地点：金蚌。

规矩，没改，也都没事。

在我国其他地方，也广为流传着土地庙里土地公公、土地婆婆的各种故事。在长沙望城区新康谭家湖村，土地庙里的土地公公和土地婆婆不是独立的两尊，而是共同雕刻在同一块石头上，与此相关的传说也很有意思。

某年正月十五，谭家湖土地公公与另几位土地公公相约去给梅树港土地公公拜年，这些土地公公都爱喝酒，喝着喝着起了兴致，就摆开牌桌赌起钱来。谭家湖土地公公那晚手气背透了，不但输光了身上带着的银两，还欠了梅树港土地公公一笔巨债，最后脱身不得，只得立下字据，白纸黑字将谭家湖土地婆婆输给梅树港土地公公，以抵赌资。

从那以后，周围的人们忽然发现了一个奇怪的现象：谭家湖土地庙内的土地婆婆石像无缘无故失踪了；而相隔数里远的梅树港土地庙内，土地公公的旁边却多出了一个土地婆婆。谭家湖的人们一眼即认出，梅树港土地庙内土地公公旁边多出的那一个土地婆婆，正是谭家湖土地庙内失踪了的土地婆婆。谭家湖的人们于是派人将土地婆婆的石像运了回来，重新安放在土地庙内。可意想不到的是：过不了几天，谭家湖土地庙内的土地婆婆再一次不见了，人们寻到梅树港土地庙时，竟惊讶地发现谭家湖土地婆婆又出现在那里。

如此者一而再，再而三，谭家湖的人们对此颇为头痛。最后，一个聪明的老人出了个迫不得已的主意：就是请来石匠，将谭家湖土地公公和土地婆婆共同雕刻在同一块石头上。这一招果然灵验，谭家湖土地婆婆从此再也没法离开谭家湖土地庙了。[1]

一般江南建筑坐北朝南，取冬暖夏凉之利，而苏州旺墓村土地庙则是坐南朝北，堪称稀奇。当地百姓流传说，是此庙的土地公公在赌博中将妻子输给了背面的土地爷，他将庙门北开，以便随时看到妻子。[2]

在福建厦门同安地区，土地庙里供奉着土地公公、玄女妈祖和灶君，不供土地婆婆。传说，土地婆坏心眼，人们不愿意祭拜供奉她，担心她使坏。[3]西坑尾的土地庙原本只有土地公一尊。村里有一个通巫灵的人，家里一直供奉着两尊村人祭拜的神：玄女妈祖和榕王公。等村里哪家人结婚需要用时，就到他家去请，用完再送回他家。他去世后，村里人就把这两尊神请去土地庙里，跟土地公并列了。玄女妈祖是保佑女人快速顺利生孩子的神灵；榕王公是镇虎之神，原先这个村有很多老虎，村里有人被老虎叼去吃了，于是村人许下愿，如果老虎不再打扰，就每五年家家户户杀猪羊等祭拜。2013年2月，过年前几天他们又祭拜了，许多猪排列在一起，非常热闹，大半夜就开始拜，然后大宴宾客，并且每个宾客要带一大块肉回家。据说，从许愿那时起，正好开凿渠道，老虎也跑走了，再没有来骚扰过。但这个习俗一直存在。[4]

---

[1] 江南小隐：《土地庙趣闻》，天涯博客：江南小隐工作室。
[2] 黄珉：《"洋苏州"里藏古庙》，《苏州日报》2012年12月21日。
[3] 访谈人：叶梅斌。访谈时间：2013年2月15日。访谈地点：厦门同安区西坑尾。
[4] 访谈人：叶梅斌。访谈时间：2013年2月15日。访谈地点：厦门同安区西坑尾。

4. 土地神像

土地庙里供奉土地神，一般的土地庙内均有神像或神画。有的只有单独的土地爷神像，有的则有土地公、土地婆（或旁边立有伺童）两人的神像，个别地方土地庙里不仅有土地爷神像，还有其他神像。在福建厦门地区，土地庙里供奉着土地公公、妈祖和灶君。中间是土地，左边是妈祖，右边是灶君。有趣的是，土地神雕像失窃的事情各地都有发生。在厦门同安地区，人们为了防止土地庙及其他庙宇里神像被盗，就将神像加锁予以保护。

小王公庙
小王公庙是一地方庙宇，里边也供有土地神像。土地神作为陪祀神，为人祭拜。2013年，叶梅斌摄于福建厦门同安

三圣堂
山东费县马庄三圣堂，即土地庙，供土地山神牛王，庙前置财神、观音。2012 年，摄于山东费县

在山东沂蒙地区费县，大多数村庄基本每庄都有一个土地庙，有的是"文革"时期被毁，有的已经修复或者将被修复。这些土地庙大都很矮小，庙里一般会供奉三位神：土地爷、火神和牛王。在费县马庄镇，有一座重新修建的土地庙，叫"三圣堂"。庙前不远处立有碑刻，写明了重修背景、人员、立碑时间等信息：

> 三圣堂供奉土地山神牛王三位神祇，农耕社会土地山川耕牛与民生休戚相关，因而黎民百姓对三神尊崇有加，凡有村落之处，必有三圣堂。在千百年来，世事沧桑，百姓对三神信仰始终不衰，除春节二月二例行祭祀外，民俗事象亦多涉及延续至民间，超度亡灵仍在此举行。三神与民众关联之密切可见一斑。吾村三圣堂毁于"文革"动乱迄今已近半个世纪，拨乱反正旧俗复炽。然每临遗址，榛莽满目，无踪泼汤，仪式虚拟应景而已，村民为此耿耿于怀。今天下承平物阜民丰，举国同心构建和谐社会，村理事会乃于此时兴起建庙之议，在外供职之查仲德、赵清芳、赵帮延诸君心系桑梓闻风

响应，首倡输资。村民赵德修、赵宝学等不谋而合，共襄义举，一日之内全村输资者已涵盖无遗……公元二零一一年岁次辛卯季秋谷旦。[1]

在金蚌地区，一般土地庙里都供有土地袍，即土地爷的画像，画像中通常正中是土地公公、土地婆婆，有的两旁还有两个侍童。土地袍种类较多，式样多变。从土地袍的材质来看，可以分为简易的纸质土地袍，多是在白纸上画的黑色或彩色土地公公、土地婆婆的像；讲究的土地袍，是在石板或瓷板上画的黑白或彩色土地公公、土地婆婆画像；华丽的土地袍，则是土地公公、土地婆婆的石刻像、石像或瓷陶像。纸质的土地袍是最普通、最简单实惠的，金蚌地区，土地庙里通常放置的土地袍是纸画像，张贴在土地庙正前方的墙上，或依靠着这墙放置。如果其他人家也要来同一土地庙敬供土地袍的话，会将已有的土地袍焚化，张贴上或替换成新的土地袍。很少有一个土地庙同时供奉好几张土地袍、好几尊土地神像的。纸质土地袍，以前人们都是去蛇嘴头纸扎艺人（当地人称"扎灵屋子"的、"扎纸马屋"的）马氏夫家买或要。

土地袍或简单或讲究，多是由本地纸扎艺人或剪或画，后来集市上也有卖复印的那种。金蚌地区，世代以纸扎为生的是马氏夫家。马氏夫不是本地人，其祖辈原住在梓门楼的街埠头，从马氏夫这一辈始来到金蚌，最初主要靠扎纸马屋为营生，其并无田产、房产。解放后，马氏夫家在当地落了户，也分到了田土，并建有自己的房子。他家的房基地处"蛇嘴头"，相对独立于其他老屋场和附近人家的房子。平时，

---

[1] 调查人：王素珍。调查时间：2012年9月21日。调查地点：费县马庄镇。

马家也种稻谷粮食及蔬菜瓜果。"纸扎"是其主要副业,也是马家的主要经济来源之一。马家与其他人家的主要区别在于,他家会剪会画,也会扎制丧葬祭祀用品,如土地袍、"衣冠笼"、"金银山"、"灵屋"等。

纸扎艺人在金蚌属于边缘人群,人们需要他,对他的态度很是暧昧。马氏夫家因为生计的原因,认识的人很多,但本地人与他总是保持着一定的距离。马氏夫家厅屋的布局,特别是家兴土地的位置,与其他人家的不同。他家此处没有书写兴隆土地、瑞庆夫人之位,而是画了一张土地袍,土地袍下摆放香炉。土地袍上土地公公、土地婆婆的画像与通常所见的土地公、土地婆形象并不一致,且土地公、土地婆两旁分立一童子。厅屋里张贴土地袍的现象在金蚌其他人家里很少有过,一般人家请(或买或要)了土地袍后,直接去自家所在的土地庙张贴或焚化。

除了马氏夫家有土地袍,后来集市和个别商店也有出售。土地袍

土地袍
画制土地袍是马氏夫家的传统手艺。
2012年,摄于金蚌

的品种、样式也逐渐丰富多样。各种精美的石板或瓷板土地袍陆续出现,这些土地袍无论是材质、色彩、图画都比以往的纸质土地袍精美。当然,土地袍的成本也是不一样的。先前,人们去马氏夫家要张土地袍,很多时候,他家是不收取任何费用的,而且还非常热心地为大家画制。石板或瓷板土地袍的价格从几块到几十块不等。

土地庙里供奉的瓷板土地袍
瓷板上有土地公公、土地婆婆的画像。2013年,王海珍摄于金蚌

号称金蚌第一土地祠的马板塘土地庙有很多故事。重修土地庙之前,土地庙里供的是土地公公的一尊独立神像,可没过多久神像就不翼而飞,周围的人都说,土地公神像是被人偷走了。好在这个土地祠管辖范围大,远近的人家都来祭拜,敬供土地神的人相对较多,有的家里有事,便去买一个或请一个土地公神像,送到土地庙来。如此,土地庙里的神像不时变换着模样,有时土地庙里空空如也,什么都没有;有时同时放置着土地公、土地婆的神像;有时则只有土地公一尊神像。2004年重修时,为首的人为了防止神像被盗,专门请石匠师傅在土地庙正前方的石板上雕刻着土地公、土地婆的石刻画像。土地公头戴官帽,身披官袍,浓眉大眼,留有长须,位于跪拜者的右前方;土地婆神像略为模糊,但可以看到其头发盘起,身披袍子,身体微斜,位于跪拜者左前方。因为这一土地袍直接雕刻在土地庙本身的石板上,想偷实在不容易,除非把土地庙拆毁。但这也带来了麻烦,因为这一土地袍是石刻的,不容易坏,不容易丢,有人想要敬供新的土地袍就不容易了。但在马板塘土地庙,我们却经常能见到庙里同时供有两张

马板塘土地庙里石刻的土地公、土地婆神像。2013年，王海珍摄于金蚌

土地袍，或者石刻土地袍与土地神像同时存在。这是因为马板塘土地庙本身有石刻土地袍，附近偶尔有人送土地神像来。目前，在土地庙里原来的土地袍之前，放置有一个彩色瓷质土地公神像，听说是附近某人专门从外地买来的。

人们去土地庙放置土地袍是有一定讲究的。一般新建土地庙后，都会直接请袍放袍。土地庙是几户或十几户（也有几十户）人家集资共同修建的，资金相对宽裕一些，这时请的土地袍都是相对精美华丽的。特别是近年来新修的土地庙，里面放置的土地袍一般都是石板或彩色瓷板的。平日里，一般人家请袍放袍都是有原因的，如家里有事不顺了，等等。这时候多是买个或要个纸质的土地袍，去土地庙放袍。如果土地庙里已经有土地袍了，特别是像石板或瓷板土地袍，那就直接焚化新买的纸质土地袍。如果土地庙原来没有或者是旧的纸质的土地袍，则将新的土地袍张贴起来。去土地庙放袍，可以求土地公公保佑，顺利度过不顺的时候。

  大食堂那会，其他人都回去了，我在蒸饭。不经意回头看见一个老倌子，背着一个袋子，飞快地从门口经过。等我追过去看时，什么也没有。而同时，隔壁你家姑姑在尖叫，你爷爷在念叨说："这咋回事，土地老倌又来打人。"原来是土地老倌把你姑姑打得尖叫了。我当时吓得要死，赶紧跑回家去，爬上床蒙上被子睡觉。第二天，你爷爷去马氏夫家领了一个土地袍回来，供给咱们樟树湾土地庙的土地爷，你姑姑后来就不叫了，好了。[1]

小知识◎"土地"民谣

南京土地　北京城隍

麻风细雨洒洋洋，姐在房中烧宝香。宝香插在香炉内，眼泪汪汪望情郎。一望二望，二十四望，南京土地北京城隍，观音老母送子娘娘，金花小姐银花小娘，保佑我郎一本千利万利转回乡，免得我一心挂两肠。郎撑船儿下汉江，姐在房中烧宝香。宝香插在香炉内，一望二望，七十二望，南京土地北京城隍，观音老母送子娘娘，保佑我郎早回乡，免得我一心挂两肠。

[1] 访谈人：王海珍。讲述人：王新学。访谈时间：2012年12月20日。访谈地点：金蚌。

三 庙王土地

土地神有一定的辖管区域，学界用"庙界"这一术语来指称。南方很多地方土地神常常和庙王菩萨联系在一起，即所谓的"庙王土地"。神灵也是有层级所属关系的，土地神之上有庙王，庙王之上还有其他神灵。

据《衡山县志》（岳麓书社1991年），民国及以前，乡间每一小村（约百户）必立一神王庙。十户立一土地庙。逢年过节，附近居民前往祭祀。平日家里杀猪，杀鸡，也要用猪毛或鸡毛蘸点血涂在庙（坛）门上。

按湘中地区的习俗，每个人出生都有"庙王土地"，即每个人都分属特定的庙王和土地庙，类似于每个人的籍贯。人们在举行各种仪式时，包括请神、敬供、去世之后行超度仪式即做道场，都会获取其所属的土地庙。

金蚌地区，庙王和土地神与每家每户、每个人都密切相关。人一出生，就要报庙王与土地神，告知此地又多了一个生灵需要他们庇佑。自此，不管是平日求香拜佛、祭祀祖先，还是终了敲锣打鼓、入土为安，这些仪式活动都会与各户人家所属的庙王和土地神联系起来。

1. 庙王

人常道：庙王菩萨，辖管一方。在我国很多地方，都有村庙或供奉地方保护神的庙宇。在湘中地区，有专门供奉庙王公公、庙王婆婆的庙宇，这些庙宇遍布各地乡村，其管辖范围多超过一个行政村落，以传统的"保"为单位，即传统意义上的村庙。

关于金蚌地区樟树湾土地庙所属的台洲庙，当地流传有这样的传说：台洲庙的庙王菩萨是某一天晚上从别处飞来的。原来洪山殿[1]南塘有个台洲塘[2]，塘中有一台，十几年前都还在，据说庙王菩萨就住在上面。有一天晚上，庙王菩萨突然飞走了，先飞到金鸡大塘，没多久又飞走了，最后落到金蚌现在台洲庙所在处，故得名[3]。周围的人都认为，庙王菩萨自己会选地方。显然，先前几个地方他都不满意，落到现在所在的地方后，他就再没离开过。

台洲庙里供奉着庙王公公、庙王婆婆，主管湘乡县同德二十五都。

---

[1] 洪山殿，地名，和金蚌不属同一镇，相距大概有几十里地。
[2] 塘，方言，即水塘，也就是池塘。南方地区水塘多，水塘有大有小。
[3] 访谈人：王素珍。讲述人：王华文、王华联。访谈时间：2002年7月10日。访谈地点：金蚌。

台洲庙与土地庙
台洲庙坐南朝北,供奉庙王公公、庙王婆婆。胡正时摄

其通灵显神,规模名声不断拓展。后来为了方便各地方人们入庙进香,台洲庙分出两庙:燕子庙、雷子庙。台洲庙是宗庙,燕子庙、雷子庙是分庙,各庙里供奉的都是庙王公公、庙王婆婆。

台洲庙"文革"时期曾一度被毁。当时,轰轰烈烈的革命运动在各地开展,村里的积极分子,见到其他地方拆祠堂的拆祠堂,砸古物的砸古物,而自己所在村子,什么都没得拆,于是就提议把台洲庙给拆了。村子里最古老的、符合运动导向的,就只有它了。庙上一些人担心自己被牵连,带头去拆庙。当时庙上有不少人,主要参与者有刘竹三等约10人[1]。其中,王某是爬上庙房顶带头拆的,并将庙里最有名的好大一把铜质将军锁撬开,拿出去卖了,换糖吃了。多年后,我

---

[1] 为了保护这些人的隐私,此处对人名作了处理。

们去找他访谈时,他承认,当时是拿锁换糖了,但他自己没吃,都给大家分吃了。当年拆庙的情形,不少当事人都有不同的回忆。作为当事人之一的李某否认自己当初参与拆庙,他回忆说,当时拆庙时,他和康某在田里睡觉,没有实质性参与。其他当事人则为自己的行为找了托词:拆庙是为了建村里的大队部,而且拆到庙王菩萨牌位下时,大家发现,里边盘着一条红色大蛇,所有人都被吓坏了。拆庙没有再进行下去。后来,有人用钱纸、线香请庙王菩萨原谅,大蛇才慢慢离开。

台洲庙前跪拜的人们

台洲庙里的忏香程序跟一般人家请师傅念经拜忏一样。先是师傅忏经,众人跟随鞠躬、跪拜、磕头,其后,师傅要敬神,替每个忏香人打卦求平安。胡正时摄

村里的刘竹三当年参加了拆庙活动,人称"竹三拐子"。人们至今流传着关于他拆毁台洲庙的歌谣:

> 你名叫刘竹三,住在咯五里山;
> 拆掉咯台洲庙,毁掉咯古坟山;
> 所以被"掉(吊)半边猪"[1]。

说的是此人因为"文革"时拆毁了台洲庙、挖掘了古坟山才导致手脚残废。[2] 村子里,自古便有不成文的禁忌:古庙不可拆,庙宇里

---

[1] 手和脚都拐了一半。
[2] 几年前,他在去南岳山烧香时失踪。村子里的人偶尔还会谈起他,当然也会讲述他拆古庙、挖古坟的"事迹"。访谈人:王素珍。讲述人:胡菊香。访谈时间:2002年7月10日。地点:讲述人家中。

的东西不可私拿。人们对庙宇、对神灵一直存在着敬畏。

1973年,村里开始复建台洲庙,参与者还是以前庙上的人[1]。当时,庙的规格相当有限,就一间房,里边供奉的庙王公公、庙王婆婆像是金蚌地区有名的斌生和尚送来的。1983年再次扩建,房间加长。至1995年共扩建3次。现今所见的是1995年复修后的台洲庙,共三间。正殿供奉着庙王公公、庙王婆婆,旁边两间是庙里有活动的时候,比如忏香时书写文书用的。

---

[1] 庙上的人大都是金蚌地区的,涵盖各个大的姓氏,以离庙近的王姓、康姓居多。

2. 陪祀的土地

一般比较大的庙宇前或庙宇里都供奉有土地神，有的建有单独的土地庙，有的则只是供奉土地神像。很多庙宇，不管供奉的神灵是谁，一般都会有土地神做陪，土地神都是陪祀神。寺庙前的土地庙供奉的土地神，一般是作为"引导神"存在，也即人们祭祀寺庙前，需由土地神"通报"、"引路"。因此，民间也称其为"山门土地"，也有地方称其为"报信祠"、"报路神"。

寺庙前的土地庙供奉的土地神或庙宇里供奉的陪祀神土地神，与乡村间随处可见的土地庙内供奉的土地神，既有关联，又有区别。他们皆统称为"通灵土地祠"，但寺庙或庙宇供奉的土地神具有更大范围的公共性与公众性，即每一个来寺庙或庙宇的人都可以祭拜和敬奉，而乡间的土地神多由其所管辖范围内的人们祭拜。关于村庙前土地庙与各处散布的土地庙供奉的土地神的关系，台湾学者林美容也曾有过相关论述：

> 很多村庙性质的庙宇多祀有土地公，此亦充分表现出土

地公的社区性。土地公是常驻一地,保护该地四境平安的神,比起其他云游的诸神,土地公是地主神,虽然他只居于配祀的地位,但其地位并不逊于自拥庙祠的土地公,此乃因社区有大小高低之层级,有位草屯镇人士比喻得很好,他说村庙中的土地公犹如派出所的主管,临近各个土地公庙的土地公如其辖区内各分驻所的主管。[1]

远近闻名的南泉寺前,建有伽蓝祠,也即土地庙,伽蓝祠两边书有对联:问神吾土地也,传奏若雷霆然。伽蓝祠与土地祠是否为同一名,在不同地区有不同解释。金蚌地区,南泉寺前的伽蓝祠即土地祠,里边供奉的是土地神像。而有的地方(如兰州白衣寺)伽蓝祠与土地祠并非同一神祠,其殿东为伽蓝祠,殿西为土地祠。

伽蓝祠
此伽蓝祠位于南泉寺前,砖瓦结构,用水泥涂抹,比一般土地庙大,伽蓝祠里供有土地爷神像。2012年,摄于金蚌

台洲庙前有一土地庙,人们称里面供奉的是庙王土地。土地公公是庙王公公的下属,庙王公公走到哪里,土地公公就跟到哪里。所以,一般的庙前都会建有土地庙。

---

[1] 林美容:《土地公庙——聚落的指标:以草屯镇为例》,《台湾风物》1987年37(1)。

3. 庙王土地

在"庙王土地",每个人分属特定的庙王和土地庙,类似于人的籍贯。"庙王土地"基本上是以现实的行政区划为基础,再加上其土地庙所属庙王名称。金蚌地区人们的"庙王土地"大同小异,最常见的通用格式为:湖南省长沙府湘乡县(同德)二十五都沐导乡宣丰里金蚌保台洲庙王通灵土地祠。这一地区的"庙王土地"及土地庙相关习俗是与其历史文化及地理区划等密切相关的。

在介绍金蚌地区的庙王土地之前,我们有必要对一些相关的区域建置以及地理沿革做一个简要的梳理。金蚌地区的行政归属在不同时代有着较大的变化,解放以前,基本上是沿用保甲制,即以上所提及的,湖南省长沙府湘乡县(同德)二十五都沐导乡宣丰里金蚌保。解放后,变更为湖南省双峰县龙田乡(后改为走马街镇),里保形式变成村组等形式。

清康熙三十五年(1696年),湘乡县编为12乡3坊44都。这一行政区划作为保(里)甲制的基本形式为后来所承袭,直到今天,我们在民间还可以找到相关的保存和记忆形式,特别是在我们的"庙王土地"中，这一行政区划尤为引人注目。

清康熙三十五年（1696年）湘乡县行政区划

乡名	所辖坊都	
	个数	名称
宣化	3	迎恩1坊、悦来2坊、景庆3坊
常乐	4	东凤1都、湘西2都、大育3都、凤音4都
万全	4	同风5都、莲花6都、兴仁7都、兴让8都
雍睦	4	归德9都、潭台10都、白龙11都、归厚12都
状元	4	南熏13都、弦歌14都、鹤山15都、碧溪16都
常安	4	珍涟17都、壶天18都、胜岩19都、宣风20都
兴乐	4	梓门21都、永丰22都、铜梁23都、荷塘24都
沐导	4	同德25都、乐郊26都、望春27都、瞻云28都
庆善	4	评事29都、诚和30都、尚义31都、黄山32都
清乐	4	常丰33都、新安34都、和安35都、锦石36都
神童	4	丰乐37都、云下38都、延福39都、乐善40都
集样	4	清溪41都、纯化42都、崇信43都、敦行44都

建县之前，双峰境域，春秋战国时属楚，秦朝属长沙郡湘南县。西汉置长沙国，分属湘南、连道两县。西汉哀帝建平四年（前3年），封长沙王之子刘昌为湘乡侯，湘乡之名始于此。南朝宋废连道并入湘乡。这以后，虽朝代更迭，县名、隶属、区域均有变更，但双峰县域皆湘乡之一部分。清康熙三十五年，双峰境域为兴乐乡梓门二十一都、永丰二十二都、铜梁二十三都、荷塘二十四都，沐导乡之同德二十五都、

三 庙王土地 | 63

乐郊二十六都、望春二十七都、瞻云二十八都，庆善乡之评事二十九都、诚和三十都……湘乡素有上中首三里之称，双峰为中里，故又称中十六里。下为清同治十三年湘乡中里（今双峰境域）坊都图。[1]

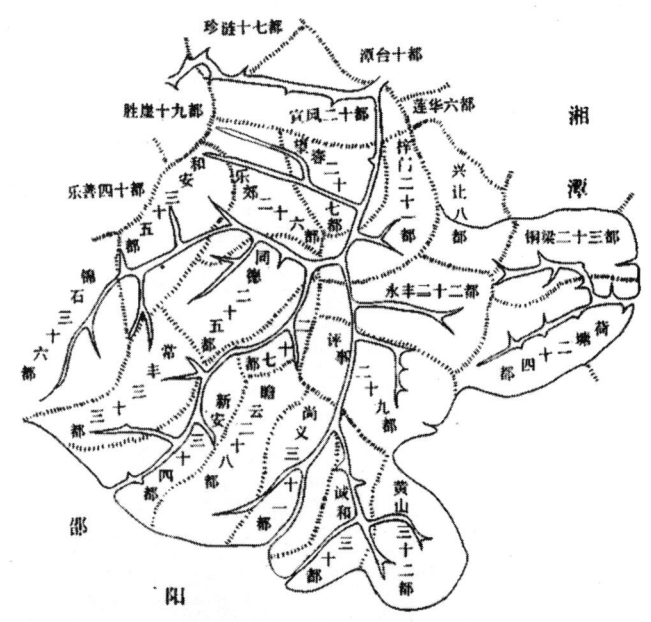

清同治十三年湘乡中里（今双峰境域）坊都图

1951年，新建双峰县，属益阳专区。1952年11月，改属邵阳专区。1977年11月邵阳地区分为邵阳、涟源两地区，双峰划归涟源。1982年，涟源地区改名娄底地区。双峰县地处湖南省的中部，"东依九峰山之险，西扼界岭之隘，北凭涌口之固，南临衡岳之地"。《双峰县志·序》，"东界衡山、湘潭2县，南邻衡阳县，西毗邵东县、涟源市，北连娄底、湘乡2市"，"属南岭山地向洞庭湖平原过渡的丘冈地带，中亚

---

[1] 湖南省双峰县志编纂委员会编：《双峰县志》，中国文史出版社，1993年，第45页。

热带季风湿润气候区"[1]。双峰县名，源自本地邑士（同治年间双峰书院）朱尧阶撰写的对联："两派交流，好向此间寻活水；双峰对峙，更从何处仰高山。"

金蚌[2]，位于双峰县的中北部，包括香泉、香花、金蚌、金坪、燕岩等8个行政村。清代，该境域属湘乡县同德二十五都沐导乡。关于金蚌的得名，当地人有这样的传说：香泉村地属金蚌，村内有一口古井——香花井。金蚌的得名便源自这口井。传说，井内原有一蚌壳，中藏价值连城的宝珠，当地人习惯性叫金子，这一地方因此名为金蚌，且以富庶、康乐著称。后来，不知何因，宝珠被盗，金蚌的"镇家之宝"被人带走，倒是留下了香花井这一口好水井，甘润纯净，冬暖夏凉，成为远近村人饮用水的主要来源。

金蚌曾经作为原湘乡县同德二十五都沐导乡宣丰里下面的一保，于今还在民间留有记忆。如金蚌地区

金蚌地区的池塘

池塘是金蚌地区最常见的，有水才有收成。水田稻田除了靠老天降雨，更多的是依赖池塘。金蚌地区池塘纵横交错，三步一小池塘，五步一大池塘。2010年，摄于金蚌

香花井

此井是香泉村有名的水井，20世纪90年代以前，远近村子里人们的饮用水均来自此井。井水冬暖夏凉，甘甜清冽。此井历史悠久，即使天旱年岁也不断水。井水不仅是村子里人们的饮用水，同时可以灌溉一百多亩稻田

---

[1] 湖南省双峰县志编纂委员会编：《双峰县志》，中国文史出版社，1993年，第41页。

[2] 访谈人：王素珍。讲述人：王光。访谈时间：2002年7月19日。访谈地点：金蚌。

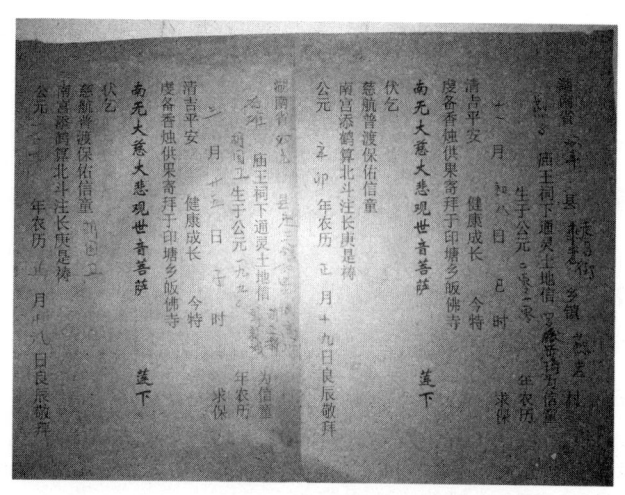

燕子岩金蚌圣殿内贴在大雄宝殿墙上的求保孩子健康成长的文书
印制好的文书上所书写的庙王土地采用了最新的行政区划：湖南省××县××乡镇××村××庙王祠下通灵土地。2012年，摄于燕子岩

在丧葬、祭祀等仪式场合，"文疏"、"地契"等文书中还会有如下书写："中华人民共和国湖南省长沙府原湘乡县同德二十五都沐导乡宣丰里金蚌保福主台州庙王通灵土地祠下。"可见，这种书写形式基本沿用了清代这一地区的建置归属，而未随清末、民国这一地区建置的变化而彻底改变。[1] 但同时，我们也看到，这些书写明显添加了"新"的内容，如"中华人民共和国"、在湘乡县前加了一个"原"字。在某种意义上，我们可以将其视为既保留了传统的书写形式及基本建置，

---

[1] 也有人认为，这种书写形式用的是宋代行政地名。"乡村有庙王，村落有土地神。凡敬神祈福，超度亡灵，道士所写疏牒一概用宋代行政地名。即长沙府益阳县××乡××都××保××庙王××土地。现今乡间此类活动有所恢复，仍沿用以上地名。"叶梦《遍地神话》，《十月》，1996年第3期，第187页。

又增添了必要的国家层面认同。在某些仪式场合，我们甚至可以看到"全新"的庙王土地，即湖南省某某县某某镇某某村台洲庙王通灵土地。

相似的表述形式在庙宇中的"疏申"中可以见到。金蚌地区每年的正月十五、八月十五、十二月十五，台洲庙都会举行忏香仪式，远近居民来庙里"忏香"、"还宝烛"，庙里会提供一张疏申，上面用繁体字书写"庙王土地"：中华人民共和国湖南省长沙府湘乡县二十五都沐导乡宣丰里金蚌保台洲庙王通灵土地祠下。

如南泉寺的"疏申"："中华人民共和国湖南省长沙府原湘乡县乐郊二十六都沐导乡宣丰里金溪保福主心臧庙王南泉寺伽蓝刹下。"

南泉寺山门
南泉寺坐北朝南，南边和西边各建一巨大山门。山门由多位信众捐款建成。并刻有捐款人姓名。2012 年，摄于金蚌

三 庙王土地 | 67

此外，如果有人要从事去南岳山烧香还愿、问仙娘或在家许"宝烛"等信仰活动，也会用到这些特殊"庙王土地"。如"长沙府湘潭县，十五都下一甲，亦江保丰乐里，北龙大王，粟家塘土地祠"。

金蚌地区，在庙里忏香、丧葬或七月半念经等重要仪式场合上，"庙王土地"需要用纸笔书写，相对传统、规范，且有当地的"专家""抽查"、"品评"。如果有人把"庙王土地"写错了，很快就会在当地传开，如此，这人将"名声"不保，再没有人会请他去当"文书"。在平时敬神请神时，也会提及各家的"庙王土地"，但此时属于各家或个人行为，相对随意。比如樟树湾一些人家，七十多岁的老叔在请神时，所念的"庙王土地"是：长沙府湘乡县二十五都沐导乡宣丰里金蚌保台洲庙王樟树湾通灵土地祠下。显然，在他的心中，樟树湾土地庙才是自家的土地庙，至于樟树湾土地庙住的土地与金蚌其他土地庙住的土地是不是同一个，已经不重要。

为什么金蚌地区乃至湘中更广阔的地域，在信仰活动中的"庙王土地"依然保留了清代的地方建置，这是非常有意思的一个问题。在某种意义上可以说，地址的变与不变呈现的是在沿袭与革新、正统与异端分离与角逐过程中的一种矛盾状态。外人眼里不伦不类的地址表述，对当地人（局内人）而言，既秉持了对过去记忆的情感，也关照了他们的现实生活。

4. 庙王土地与人们的日常生活

庙王土地与人们的日常生活息息相关。人们逢年过节，或遇有特殊事情时，都会前往敬供庙王菩萨、土地菩萨。

樟树湾所属的台洲庙，平时人们很少来敬拜，庙里也没有人常住。每天晚上有人负责去庙里"发光"，即给庙里点油灯。初一、十五，早上，庙上的人轮流去打供饭，烧钱纸、线香，点蜡烛。庙里的纸钱、线香，以前的清油，现在的蜡烛，基本不需要另外买，都是周围来庙里求香拜佛的人敬供的。台洲庙里晚上点灯是一直以来的传统。听村里老人们讲，1949年前，金蚌地区很多人家用油紧张，人们敬奉庙里的清油却没少过。平常，金蚌地区人们有事时，总会上庙里烧香，许"庙油"

台洲庙内的陈设
台洲庙内除了神龛，还设有供桌，供桌前有红布遮拦。供桌上有长明的油灯，有香炉及其他敬供用品。2012年，摄于台洲庙

台洲庙忏香
庙里会根据忏香人所交香火钱将其所报姓名书写在一张红纸上，师傅忏经后，有打卦仪式，为红纸上所写人名——打卦求平安。2013年，胡正时摄于台洲庙

台洲庙神灯
台洲庙的油灯是老式的玻璃罩灯，旁边可乐、矿泉水瓶里装的是信众敬供的茶油。2013年，胡正时摄于台洲庙

是最常见的，也有许钱的。给神灵许了油和钱，或宝烛之类的，到一定时候，就要去庙里还。也因为这，庙里的纸钱、线香、清油或蜡烛是从来不缺的。每天傍晚时分，都有专门的人去庙里"发神灯"，也叫"发光"。老式的神灯精巧而特别，悬挂在庙中间的房梁上，有一根绳索可以上下拉动。发光人傍晚时候去，将绳索一拉，神灯下降，发光人根据经验往灯里倒油，再拉绳将神灯悬挂好。发光用的清油以前多是茶油，现在则多用菜籽油。

每年正月十五、八月十五、十二月二十五，远近的人家都会来庙里忏宝烛。来的人多是祈求家里人平安。以前，人们会带来钱纸、线香、蜡烛以及各种供果之类，现在庙里提供一站式服务，只需要来人交些香火钱。忏宝烛，庙里以户为单位按每人4元收费。有的家里人多，忏一场宝烛花好几十。庙里有人专门负责收钱，旁边有人负责书写，在一张红纸上写好香主名称，另有人会给人写疏申，疏申是印制好了的，直接填上名字就可以。有时人多，也可以自己拿笔直接填写名字。求信人拿着写好的疏申、庙里提供的三根香，来到正殿庙王菩萨前跪拜，焚烧疏申，祈求家人平安。庙里忏宝烛需要请和尚师傅来念经，忏宝烛分场次，当来的人有二三十个之多时，师傅就会忏一场经，众人跟着师傅跪拜，然后师傅会为每一位求信人打卦保平安。台

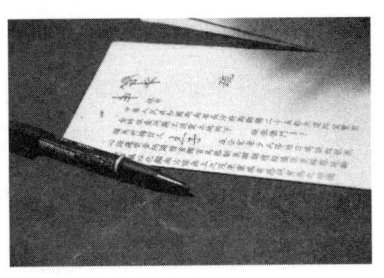

疏申

台洲庙为每位来忏香的人提供的疏申是印制好的：中华人民共和国湖南省长沙府湘乡县二十五都沐导乡宣丰里金蚌保台洲庙王通灵土地祠下。疏申请庙王文书或自己填写好，直接到庙王菩萨前焚烧跪拜。胡正时摄

洲庙以前念经打卦的师傅是斌生和尚，后来斌生和尚年龄大了，也不再来主持此事。打卦是关键，人人都想要顺利求得宝卦，围观者也很关心卦象。一般都是为每个人求宝卦，有时，宝卦不容易得，连打上十来个也是常事，师傅和求信人都会紧张地在庙王菩萨前解释为何没有一次得宝卦。今年庙里请的师傅是金坪那边的，负责念经、请神和打卦，庙上按天给他经费。

五月二十日，是祭庙日。庙上的人会来祭祀，三荤三素（鸡、鱼、肉、黄花、木耳、水果），钱纸、线香、鞭炮。人们对其的敬仰、信奉更多停留在观念上，很多与其有关的活动也并不一定要在台洲庙里边举行。

每年的四五或五六月间，庙里都会组织唱庙戏（木偶戏），且要持续好几天，一般是三天或七天。庙上有钱时就唱七天，没钱时就唱三天。（胡三）木偶戏班是庙上的人从增桥请来的，他们有多年的合作关系。白天唱戏，晚上需敬神后再吃饭。周围赶来看戏的人也可以留在庙上吃饭，这时候庙里是一个公共场所，一年间台洲庙也只有这

个时候最为繁荣、热闹。唱庙戏主要为娱神，祈求一方平安。唱戏所需花费则多出自每年忏宝烛所得的香火钱。以前，忏宝烛的收入比较少，唱戏的钱需要庙上的人去各家各户"写"。一般人家都会"写"五六块钱。唱戏最后一天，会去"写"钱的各家厅屋"行船"。行船的"船"是庙上请人扎制的，用竹篾扎制成船状，上有提手，类似篮子，外面用彩纸糊盖，船有大有小，大小视参与户数来定。庙上的人组织一队人员，有负责拿船的，有负责挑米的，有负责敲锣打鼓吹唢呐的，还有唱木偶戏的人负责请神。"行船"可以是上午，也可以是下午，行船前要在庙里神坛前打卦发船。打卦有讲究，上午发船需打阳卦，下午发船需打阴卦，只有打卦成功才能发船。纸船进厅屋之前，主家人用脸盆打一盆水，放鞭炮迎接。木偶戏请神人会带来一道疏申，主人得准备一升米，一双筷子以备竖立疏申，另备香、茶、酒等祭祀用品。行船人将船放置于脸盆上，船头朝外，请神人在神龛前香案请神焚化"疏申"、打卦（一般为阴卦或阳卦）。完毕，船工将船提走，一升米，一个包封（即红包，一般四毛钱）由庙里人带走，主家把脸盆里的水直接倒在厅屋中，并将脸盆倒扣一会收起。"行船"仪式，既是对主家以前"写钱"的答谢，也有庙王爷进厅屋走一遭，家里任何瘟灾邪恶、

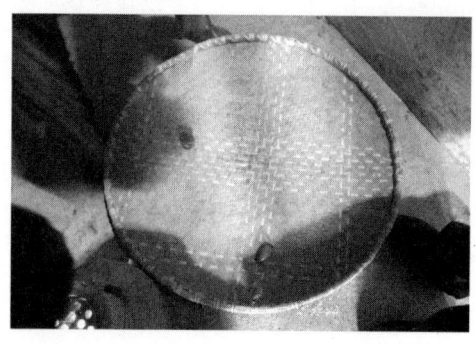

台洲庙打卦
由和尚师傅负责打卦，有专门负责捡卦的，卦用篾制箩盖子接盛。师傅打卦有经验，一般比较准、平、快，卦很少出箩盖子范围。2013年，胡正时摄于台洲庙

深灾八难都被带走的意思,如此可保地方清洁、全家平安健康。[1]

有的人家小孩不好带、老生病。人说是八字大的小孩要来庙里寄名,把小孩寄拜给庙王菩萨,祈求庙王菩萨保佑小孩长成人,长命百岁。寄名需要的红布自家准备就可以,红布上通常也写字,多是自家请人写好。寄名可以自己直接去庙里,烧香、请神、打卦,也可以请庙上的人帮忙。关于"寄名",在湘中的衡山地区也有相似的习俗。

> 所谓"寄名"就是在小孩下生后,家人普通均请算命的推算八字。如果算命的说小孩不容易成人,做母亲的便要择一吉日抱着小孩到寺庵的去,把小孩子的名字写在红纸条上,贴在观音菩萨的殿下,请他暗地地保佑,意思就是说把小孩的名字寄在菩萨那里,就好养活了。[2]

七月半,人们是不进庙里烧香拜佛的。俗话说"七月半进庙门——碰打鬼(拜神撞着鬼)"。但在"过月半"的时候,人们时常会需要并提及庙王菩萨。在请神、"疏申"、"水引"以及"地契"中,都会提及某某某是属于哪个庙王福主所管。2002 年,笔者曾去南泉寺,和庙里的斋婆(即老尼)聊天,为消除她们的警戒心理,笔者借说要抽签,卜算婚姻。老尼抽签前问笔者属什么庙,当时觉得很纳闷。原来每个地方都有一定的庙王,这方土地的人们皆从属于此庙,算卦、求神、拜佛都必须经由此庙的庙王菩萨。

---

[1] 关于"行船"习俗,可以参见曾有幸、郭锦辉《龙山药王信仰初探》,《娄底优秀作品选·民间文化研究卷》,第 113 页。

[2] 湖南省立衡山乡村师范学校编:《衡山师古乡社会概况调查》,中华平民教育促进会印行,中华民国二十六年出版,第 125 页。

5. 当坊土地当坊灵

在乡村，土地庙多与庙王组成层级关系，土地多属庙王管，庙王再和其上的神灵构成层级关系。在金蚌地区，庙王之上，即南岳圣帝爷爷。在城镇，土地庙多归属城隍。城隍庙的兴起，多伴随着城市的兴起，其"大约南北朝始见，唐代开始在各地广泛流行，但由于官衙设于城邑，土地神被纳入其手下"[1]。部分城隍庙甚至取代了原有的土地庙，"元和县城隍庙俗称阴元和堂，清雍正四年（1726年）即土谷神张明庙改建。张明是东汉名将，致命凤池，宋元丰初邑人立祠祭之。"[2] 民间有"南京的土地，北京的城隍"的说法，元明清时期，北京作为京城，其地位在全国所有城镇之上。北京衙门高，鬼神衙门也高，连庙宇也有都城隍府、都土地庙、都灶君庙之称。明太祖朱元璋曾下旨封京城和几座大城市的城隍神为王，职位正一品。如此，土地神和城隍神成了上下级关系，城隍管着土地。

---

[1] 王永谦：《土地与城隍信仰》，学苑出版社，1994年。
[2] 袁以新、董寿琪：《苏州古城·平江历史街区》，上海三联书店，2004年，第120页。

城隍多居于城镇,是一城镇的守护神,司掌一方事物并且是人们心目中的阴间长官,他司籍死者户口名册,在冥府主事断案,亦时有上节所述的"出巡"之举。人民出于要求公道和受保护的愿望,时常把死去的贤臣良将封为城隍,例如文天祥、秦裕伯、庞玉等都分别做过北京、上海和会稽(浙江绍兴)的城隍。与人间的行政等级关系相应,城隍也是作为"土地"的上级而存在的。[1]

俗话说:"乡里鼓儿乡里打,当坊土地当坊灵。"在金蚌地区,庙王尊本境,土地奉当坊。庙王和土地有一定的管辖区域,即通常所说的"庙界"。不同庙里供奉的都是庙王公公、庙王婆婆,具体的庙

台洲庙与土地庙
台洲庙坐南朝北,土地庙位于台洲庙的东北方向,朝向也略有不同。土地庙位于前往台洲庙的必经之道旁,左右有两条大道。2013年,胡正时摄于台洲庙

---

[1] 郭于华:《死的困扰与生的执着:中国民间丧葬仪礼与传统生死观》,中国人民大学出版社,1992年,第97页。

有具体的管辖区域；同样，不同的土地庙供奉的都是土地公公、土地婆婆，具体的土地庙有其特定的管辖区域。学界对此也有相关的研究，明初的里甲制度及相应的里社制度，可以为我们以上的问题作出某种解释。

洪武十四年（1381）诏天下编赋役黄册，以一百十户为一里，推丁粮多者十户为长，余百户为十甲，甲凡十人。岁役里长一人，甲首一人，董一里一甲之事。先后以丁粮多寡为序，凡十年为一周，曰排年。在城曰坊，近城曰厢，乡都曰里。里编为册，册首总为一图。[1]

凡各处乡村人民每里一百户内立坛一所，祀五土五谷之神，专为祈祷雨旸时若，五谷丰登，每岁一户轮当会首，常川洁净坛场。遇春秋二社，预期率办祭物，至日约聚祭祀。其祭用一羊、一豕、酒果香烛随用。祭毕就行会饮，会中先令一人读抑强扶弱之誓，其词曰：凡我同里之人各遵守礼法，毋恃强凌弱，违者先共制之，然后经官。或贫无可赡，周给其家，三年不立，不使与会。其婚姻丧葬有乏，随力相助。如不从众及犯奸盗诈伪一切为非之人，并不许入会。读誓词毕，长幼以次就坐，尽欢而退。务在恭敬神明，和睦乡里，以厚风俗。[2]

各地土地神的管辖范围有差别，但彼此之间没有特别的等级差别，

---

[1] 《明史·卷七十七·食货一·户口》，中华书局，1974年。
[2] 《明会典·卷九十四·礼部五十二·里社》，中华书局，1989年。

也不存在统属关系，而是各管一地，互不相干。各个土地庙的地址虽然受改朝换代、行政区划变革的影响，但作为聚落的乡里却保持了相对稳定性，这也在一定意义上解释了某些地区"庙王土地"的相对稳定与延续性。

本境庙王、当坊土地对自己管辖范围内的人和事，无所不知，无所不晓，可谓神通广大。俗云："土地不开口，老虎不拖狗；土地不吭声，野猫不咬鸡。""千里来的龙，斗不过土地神。"在老百姓的日常敬奉中，都是遵循各庙的庙界规矩办事的。樟树湾的人家，需要去敬拜土地时，肯定是去樟树湾土地庙，不会去其他土地庙。金蚌人去庙里求庙王公公、庙王婆婆时，也肯定是去台洲庙。对别人家或村落其他地方的土地庙或庙王庙，人们的态度很复杂，很少去祭拜，也没有特意的忌讳。不过，一般老人们比较讲究，带着孩子经过任意一个土地庙时，也会让小孩给土地公公磕头。此次调查中，笔者需要去多个土地庙拍照，亲戚中年长的舅妈特意叮嘱，拍照时需要供奉钱纸、线香、蜡烛之类，如此，不至于冒犯土地公公。

小知识◎庙界

"庙界是明清以来苏松民间信仰中的一个重要概念，在该地区主要存在有围绕土地庙形成的庙界和围绕城隍庙、东岳庙等市镇庙宇形成的庙界，两类庙界的存在有着不同的意义，而在不同的庙界内部均有相应的组织与各类信仰活动。庙界的划分则往往与地方行政区划有关"，"所谓庙界，顾名思义，首先是一个地域范畴的概念，而在最初的意义上，土地庙是庙界构成的核心"。[1]

"早就知道台州有保界庙，即一个庙有其所管辖，或者说保护的地界，那么，所有庙都是保界庙，还是保界庙是区别于一般庙而独立的特殊的庙？我就这个问题问了几个人，得到的回答不尽如人意，有的说不清楚，即使回答了，得到的答案也是不一，有两种截然不同的答案：一、保界庙不普通，普通庙不保界，也就是说保界庙与普通庙有区别，保界庙是众多庙中比较特殊的一种；二、所有庙都是保界庙，也就是说每个庙都有其保护的领土。"[2] 关于庙、庙界以及保界庙的问题是很有意思的问题，在我国各地有不同的解释。

---

[1] 王健：《明清以来江南民间信仰中的庙界：以苏、松为中心》，《史林》2008年第6期。
[2] 《临海寻戏（二）——2月18日，新西村镇应庙》，听雨打芭蕉的声音。http://blog.sina.com.cn/hnxuelang.

四 逢年过节敬土地

土地庙的祭祀活动与岁时节日习俗密切相关。逢年过节，人们都会去土地庙供奉。土地庙的祭祀活动即传统的"祭社"，在我国有着悠久的历史，是民间重要的传统节日活动。其与古代社神及高禖神信仰相关联，且以基层的乡里为单位，为全体乡民共同参与的仪式活动，既有神灵信仰的神圣，又配有"鼓舞乐"等世俗娱乐，此外，祭社活动多以"乡市"为背景。[1]我国传统的"祭社"多为"一

---

[1] 王永谦:《土地与城隍信仰》,学苑出版社,1994年。

岁三祀"，即每年举行三次祭社活动："春祈"、"秋报"和"腊祭"。

山西平遥、榆次一带的乡民还延续着春秋两季和春节前后大祭以及每月小祭祀土地神的习俗。春季供奉的时间是二月初二（农历），秋季为十月十五（农历），春节前是腊月二十六，后为正月初一到初五。

平遥人供奉土地神的过程大体是：傍晚时分，各家主事人从自己家地里取回一捧土，放在土地龛的祭台上，点燃香火，摆上祭品，朝土地神跪拜。第二天清早将那捧土送回原处。

榆次人"祭社"时则是将土放入用金、银纸做成的长方形盒中，用小米和蒜等粮果作供品。祭拜完毕，烧掉纸盒。二月初二（农历）的"祭社"活动中，除上述过程外，还要用谷草烧一种四不象的动物形状面塑，边烧还边念叨："二月二驱狼虎，狼虎来了我不怕，我给狼虎烧干粮……"春天"祭社"，是为了祈求土地神带来一年的风调雨顺，年底有个好收成，全年都是好运气；秋天"祭社"，也称"谢土"，是为了感谢土地神赐予丰收、幸福和财富。[1]

在台湾，农历每月的初二、十六两日，人们都会带上祭品到土地公庙祭拜。农历二月初二，是土地公的生日，称为春祭；八月十五相传是土地公升天之日，称为秋祭。每年中秋节，为感谢土地公的照顾庇护，除了祭祀土地公，农民还在田间插设"土地公拐杖"。[2]

在金蚌地区，人们对土地神的祭祀活动在时间上也基本沿袭了"一岁三祀"，其中，最隆重的时候是过年和二月二。过年是一年中最隆重的节庆，人们在合家团圆、辞旧迎新之际，也不忘保佑一

---

[1] 李娜、王建华：《社神之宅——土地龛》，《文物世界》2005年第3期。
[2] 宋全忠：《土地公信仰在台湾》，《寻根》2010年第6期。

方平安的土地神。每年的农历二月初二，传说是土地的生日，也是民间祭祀土地神的日子，俗话说"土地老爷熬个二月二"。这一天，樟树湾人都会去土地庙打份"供饭"，焚香点蜡，磕头跪拜。其他诸如在清明、尝新、初一、十五等日子，或者有事时，人们也会去土地庙许斋饭，还斋饭。

过年敬土地神
过年吃团年饭前，通常要去土地庙敬土地。用茶盘托鸡、鱼、肉及三碗饭，带香、烛、纸、鞭炮。2013年，胡正时摄于金蚌

1. 过年敬土地

每年的大年三十，这里的人们都要先敬土地，再吃团年饭。团年饭可以在大年三十这一天早中晚三餐中随意选。有的人家老人孩子多，且亲戚间都住得比较近，就会和自家兄弟亲戚协商，将团年饭错开来。如此，老人可以在几个儿子家都吃上团年饭。樟树湾人吃团年饭，讲究的是团团圆圆。小时候，家里奶奶、外公都还在，我们一家吃团年饭时，就会和叔叔家、舅舅家协商，尽量让奶奶、外公能来我家吃团年饭。吃团年饭时，要敞开大门，来参加的人越多越好。如果此时有人来家，主家会盛情邀请其入席："来得好，现碗现筷，今年大发。"来者也领会主家之意，说句"过热闹年"的客套话后，不加推辞入座。即使来人刚吃过饭，也要象征性地吃一点。所以，团年饭桌上通常要多摆有一至二副碗筷。

吃团年饭之前，要先去土地庙敬神。多由老人或家里当家的人领着一两个帮忙搬东西的去自家所属的土地庙敬土地，所带供品多是三个碗（鸡、鱼、肉）、两碗饭、两杯酒，供品用茶盘托着。另备线香、钱纸、鞭炮，有讲究的人家还会点油灯（青灯一盏）。祭祀敬奉的仪

油灯
敬神时多用油灯。油灯多用瓷钵盛装清油（茶油或油菜籽油），灯芯用棉花卷制成

式相对简单，将装有供品的茶盘在土地庙前的空地上摆放好，点燃三根线香，一根蜡烛，焚烧一刀钱纸，并鸣放一小串鞭炮。主祭人在土地庙前磕头请神，老人们习惯跪拜磕头三次，年轻人则多是三次作揖。也有的主祭人会在土地庙前打卦，一般都是求一个或者三个宝卦。家里有小孩的，爷爷奶奶们也都要带着一起去，给土地公公、土地婆婆磕个头、作个揖，祈请土地公公、土地婆婆保佑小孩聪明智慧，一长成人。鞭炮响完，作揖完毕，整个祭祀土地庙的过程也告结束。祭祀的人将供品撤走，土地庙前留有尚未燃烧完的线香、蜡烛，还有一地鞭炮屑。过年时去土地庙敬土地，多是各家敬各家的。樟树湾有十来户人家，大年三十这一天，土地庙前最热闹。这家祭完，那家去，早中晚都有人来土地庙放炮祭拜。此时，最开心的是小孩们了，男孩子

过年时敬天地
吃团年饭前,先去土地庙敬土地,再回到家中,敬天地各神。2013年,胡正时摄于金蚌

们为了找寻没有燃放干净的单个鞭炮,长时间在土地庙前徘徊,偶尔发现一个没有燃放的鞭炮,高兴得手舞足蹈,还不忘跟土地老爷鞠个躬、道声谢。

去土地庙祭完土地神,回到自家厅屋,还得摆桌敬神。有先敬天地,后敬祖先的;也有直接敬祖先的。敬神仪式及过程和土地庙前大致雷同,只是请神时,主祭人念的神灵名不同。在厅屋里敬神、放鞭炮完毕后,一家人才开始团坐在一起,吃团年饭。也有的人家会在大年初一去土地庙敬饭,给土地爷拜年。

2. 赞土地

在湘中地区,正月里,有赞土地、送财神的活动。赞土地,也称"赞好话的",多是业余爱好者,或者专门为挣钱的人,在正月里去各家各户赞唱。赞土地分两种,一种为赞阳春土地,也称赞游春土地;一种为赞家堂土地。

金蚌人认为,土地神是"做阳春"(种庄稼)的农人,是"管阳春"之神。以前正月里,从正月初三起,就有人挨家挨户"赞土地"了。当地流传着这样的谚语:"篾片一尺八,唱遍天下不犯法。"他们常背着一把雨伞和一个木制的土地菩萨,手里拿着小锣和竹板。到人家门口,边敲打一面碗大或碟子大的小锣,边唱一些赞美主人的好话,这些话大多数是临时用本地土话编成的,看到什么听到什么就编什么,要押韵,要好听,要顺耳。"赞土地"的唱词,内容很广泛。几乎是见什么赞什么,无所不赞。他们的赞词,有事先准备好的,类似"开场白"。如:

这家赞了那家来,恭喜老板大发财!

今年发财本不差,明年发财买长沙。

有好阔、买好阔,买了长沙做住宅。

在一家"赞土地"时,发现这家来了新客人或外地客人,特别是遇见新郎时,"赞土地"的人马上会转过来赞客人:

过良言顺过风,就向贵客讨包封,
这位贵客还不讨,背起包袱哪里找!

如果客人不愿意给,他马上会接着唱:

不是新春我不说,过了十五来不得。

"赞土地"的,反应要快,嘴要甜、要巧。主人家见了"赞土地"的进家门了,通常都会准备打发他的钱粮(米或者零钱)。有专门"赞土地"的,赞得好,嘴巧嘴甜,主家欢喜,一般都会多打发些钱粮。有些主家懂"赞土地"、喜欢听"赞土地",常会故意出题目,看看这土地怎么赞。赞得好,主家自然会开心,打发的也多,原本一毛两毛的包封(红包)就会变成一块(元)两块了。一天下来,可以得一二十块红包。在那个年代,这可是一笔不少的收入,一般人做一天工,就得五毛一块。也有专门为"要钱"而来的,赞土地的唱词都一样,有的甚至直接带着"财神老爷"画像,不唱赞词,直接给画像,主家就会敷衍性地给一毛钱或一把米。

赞土地,也称"赞春"(或"报春"、"打春"、"游坛土地"），是农历正月间湘中、湘西、湘南一带较为广泛地开展的一项民间游艺活动。"赞春"的人多为业余的民间艺人或者无业的游民。他们身穿青布对襟衣，腰系青布围裙，头裹青布包头（衣着色彩全是青色，大概与春天之神为"青帝"有关吧），背上斜背着一把雨伞和一个木制的土地菩萨，左手拿一面小锣和一块竹板。[1]

赞土地又称唱土地、讲土地、扮土地、土地神。流布于衡东、衡山、娄底、零陵、邵阳、沅陵、汨罗、汉寿、桃源、常德、桑植、大庸、湘乡等地。湖南民间大都流传在正月初一至十五赞土地，送财神的习俗。赞土地者手打渔鼓、三棒鼓，或其他小乐器，在别人门前大说美言美语。名为祝福主家四季发财，五谷丰登，六畜兴旺，人丁清吉，振振有词，口若悬河。实为讨钱，等候主家施舍。[2]

离金蚌不远的湘潭一带赞土地、送财神者一般手持一面小锣，湘潭人称"点落子"。他们的唱词有："今天来到你财门口，要把那财神送到你的手。恭喜你老板大发财，财宝滚进来。滚进不滚出，滚来一堂屋。堂屋四四方，银子用仓装。堂屋四咋垵（四个眼），银子归老板……"

赞土地习俗及土地歌主要分布在湖南境内的湘潭县、洞口县、隆回县、绥宁县、株洲县、衡南县、岳阳市、湘乡市、衡东县、双峰县、韶山市等地。赞土地习俗和土地歌富有南楚特色，负载着厚重的文化

---

[1]《土地公公很好善，每年都要吃派饭》，巫瑞书：《南方传统节日与楚文化》，1999年，第48~49页。
[2] 中国曲艺志编辑委员会编：《中国曲艺志·湖南卷》，新华出版社，1992年，第95页。

意蕴,且历史悠久。《醴陵县志·民间文艺》中载有"土地灯","饰人为土地神,鸣金鼓以入人家,以谀词博主人欢,旋持灯笼唱茶歌,间以鼓乐"[1]。《慈利县志》载民间有扮土地神者,其奏技凡以为乞钱,"此外,有弄蛇者、演猴狗剧者、花鼓者、狮子舞者、扮土地神者、莲花闹三班鼓者,其奏技凡以为乞钱,虽亦若可喜愕,而娱乐戾于正,又不足道矣"[2]。

赞家堂土地与当地舞龙舞狮习俗有关。20个世纪90年代以前,金蚌地区正月里有舞龙灯、狮灯习俗。一般是初一出灯,十五化灯。龙灯、狮灯一般讲究初一在本灯会范围拜年,叫作"发灯";元宵节只在本范围耍,叫作"收灯";收灯后要到河边或野外水边烧香、化纸,以送龙王或狮王菩萨升天归位,之后打保卦,然后拆龙、狮被,叫作"送灯"或"化灯"。

舞龙舞狮正月初一出灯,去坟山拜坟年。在路过人家厅屋时,也会进去耍上一圈,算是赚"炮仗"。

> 1985年到1995年人们还在玩龙灯,所以那时土地庙还是很重要的,人们还是要去拜祭的,但现在年轻人们都去打工了,没人玩龙灯了,所以土地庙的作用也不大了。并且认为只有邰家才玩龙灯,别的姓氏人太少是没法玩的。玩龙灯时会绕寨子一圈。每到土地庙需要拜祭,祈求保佑,这样玩龙灯时才不会被炮火烧到。每年玩龙灯可以平平安安的都是

---

[1] 《醴陵县志·十六卷》(民国三十七年铅印本),见丁世良、赵放主编:《中国地方志民俗资料汇编·中南卷》,书目文献出版社,1991年,第503页。

[2] 《慈利县志·二十卷》(民国十二年铅印本),见丁世良、赵放主编:《中国地方志民俗资料汇编·中南卷》,书目文献出版社,1991年,第671页。

拜祭土地庙的原因。龙是十分干净的动物，龙灯路过哪一家都会给那家带来福气。如家中有丧事三年内是不可让龙灯路过的，又如家中有孩子未满月也是一样，这种家庭都被认为是不干净。这类家庭会用草标来做标记。龙头要放在有福气的人家，龙头前要放水是给龙喝的，还要点长明灯。龙塘阻前每年正月十五玩龙灯时都要先到水井边洗龙，然后到包诺的土地庙拜祭，再到坡上第三组的庙宇，最后到昊祖庙。[1]

正月里，金蚌地区"耍灯"的，包括龙灯、狮灯，进了人家厅屋，敲锣打鼓开始耍，不一会儿，灯会上就有专门"赞土地"的人出来喊停："锣停停来鼓停停，主家在上听分明，且把火龙请边去，邀个土地下凡来！"接着，敲锣打鼓的就停了，主家会及时燃放鞭炮，"赞土地"开始了。大概内容就是，龙灯、狮灯进家门，保佑此家人丁兴旺、大吉大利、兴旺发达之类。主人同时要准备一升米，一个红包，打发"耍灯的"。

> 灯会上专门"赞土地"的人大声"出断"道："锣停停来鼓停停，主家在上听分明，且把火龙请边去，邀个土地下凡来！"此时，锣停了，鼓也停了，只是爆竹声在欢快地欢迎着"土地"的到来："要我赞起就赞起，赞得主家大欢喜，主家上下一齐听，福禄寿喜送一轮……"反正是一串串的吉祥话，赞得主人确实心欢喜，大红包封立即送到每个舞灯人面前，打发"火龙菩萨"的红包会更大。[2]

---

[1] 徐英迪：《权威的表征——解读清水江流域苗寨龙塘的"地鬼"信仰》，贵州大学硕士论文，2010年，第39页。

[2] 胡如庄：《泉坝火龙》，双峰网：文化·人文地理。

正月十五化灯、收灯，放龙灯一般是去河边，用一些干禾苗上面烧点纸，说是打发蛟龙下水去，保佑一方平安，来年再请蛟龙来。狮灯化灯往山上走，说是放雄狮归青山，保佑地方太平，来年再请雄狮来。

总体而言，土地庙前的香火和热闹，也经历了时代的变迁。最近几年，过年去土地庙的人家少多了，特别是有些家户老人去世了，年轻的在外经商或打工，有时不回家过年，即使回家了，也只在家里敬神，或者根本不敬神。"赞土地"活动也随着时代的变迁、老人们的逝去、年轻人的外出，呈现出逐渐衰败甚至消失的态势。

3. 二月二祀土地

农历二月初二,相传是土地神的生日,各地都有诸如"土地诞"、"土地会"等祭祀土地神的活动。在我国很多地方,二月二日,仍然保留着各类与土地神相关的习俗。"二月二,杀鸡请土地爷",民国年间《广西凌云县志》:"春秋社日祀社神,二月二日杀鸡祀土地神祝福。"[1]《清嘉录》:"二日,为土地神诞,俗称土地公公。大小官廨皆有其祠,官府谒祭,吏胥奉香火者,各牲乐以酬。村农亦家户壶浆,以祝神厘。俗称田公田婆。"

土地神的神诞之日是二月初二。旧时,官府和百姓都到土地庙烧香奉祀。土地公还是商人崇拜的财神,商人每个月的初二、十六,都要祭拜土地公,称为"做迓"(或做牙)。农历二月二日叫做"头迓",十二月十六日叫做"尾迓",现在江南民间过年期间的初一、月半到土地庙烧香的习俗依

---

[1] 广西凌云县志编撰委员会编:《广西凌云县志》,广西师范大学出版社,2007年。

然存在。[1]

在山东的沂蒙地区，二月二，有给土地庙送豆的习俗。炒料豆，以豆类为主，多用黄豆或黑豆，掺上其他杂粮，有甜的，有咸的。甜的沾上糖面，咸的在盐水里泡过。一般在天明之前煮、炒或者腌熟，这就是煮豆、炒豆、腌豆了。三者中，炒豆最常见，俗称"料豆"。炒豆一般要先放上点水滋湿一下[2]，也有的是二月二前一天晚上用盐水泡一下，第二天早上起来炒。有的村民在炒豆时拌上红糖或白糖，称"糖豆"。炒好料豆，然后赶往村里的土地庙，撒于土地老爷面前，撒豆一般不需要念叨。撒豆子时各村撒于各村的土地庙前，也有村民用小勺撒豆，撒豆的同时也吃豆，还有与他人互换料豆吃的。据说，吃了别人家的料豆可以祛除百病，长命百岁。除了炒豆子，有些地方的村民还会炒一些果子，即花生。[3] 土地庙在沂蒙地区的乡村，是一村（庄）之主，二月二，人们都要送豆给土地爷吃，一般是早上起来，带着豆、香、纸、炮仗来村里的土地庙，焚香烧纸燃炮仗，将豆撒在土地庙周围。[4] 俗话说："土地爷的生日，要啥无啥。"就是说人很穷，穷得什么都没有了，敬土地爷就摆几个豆子。[5]

二月初二，是土地公的生日，以前人们根据这一天的天气情况，来判断一年的收成。如果这一天晴，说明这一年的收成不错；如果这一天下雨，当年的收成就会令人担忧，有"土地公打伞（下雨），棉

---

[1] 仲富兰：《土地庙》，2011年11月16日于上海。
[2] 访谈人：扈妙章。讲述人：孙姓老太。访谈时间：2012年9月21日。访谈地点：费县南张庄乡。
[3] 访谈人：扈妙章。讲述人：李姓老汉。访谈时间：2012年9月21日。访谈地点：费县南张庄乡。
[4] 访谈人：李向振等。讲述人：大爷。访谈时间：2012年11月23日。访谈地点：南阳村村委会。
[5] 访谈人：刘若轩、俞理婷。讲述人：戚校长。访谈时间：2012年9月20日。访谈地点：谭家庄村。

花光杆"之说。在河北赵县的范庄,每年的农历二月二都会举行盛大的"龙牌会",祭祀勾龙、土地神及其他神灵,祈求一年的风调雨顺及幸福安康。同时,"二月二,剃龙头",人们关于龙、土地神的信仰习俗在现实生活中得以实践。

在湖南各地区,农历二月二是土地生辰,人们会举行各类祭祀活动。"二月二日,俗传'土地生辰'。里人各醵牲醪祀之,官署则演剧祈福","二月初二日,祀土地祠。于先日晚张灯彩,鼓吹庆祝,盖仿古仲春祈谷遗意"。[1]在金蚌地区,二月二是土地老倌的生日,这一天,普通人家会打"供饭"去土地庙祭拜,个别人家会给土地庙"送袍"。打"供饭"仪式相对简单,一般是中午饭之前,准备好"供饭",多为鸡、鱼、肉三个菜碗,三碗饭,另加两碗茶一碗酒。

樟树湾有老人回忆说,小时候见过唱"田禾戏",也叫"土地戏",多是木偶戏(俗称"木脑壳戏")。唱戏的地址在香花井建宁塘边上的公屋里,当时那公屋特别大,远近的人们都来这里看戏。唱"田禾戏"的时间,一般是在二月二左右,一连唱三至七天,唱戏的内容很多,具体戏名老人们已经记不太清楚。但戏会上组织唱"田禾戏"的目的是保地方太平,祈求一年丰收。[2]

> 土地戏,有单人、双人或三人土地戏。一旦一丑,丑为土地公,戴木雕假面具;旦为土地婆,多为男扮女装。土地戏有固定曲调,你问我答,一唱一和,还做些生活动作,常令观众捧腹。旧时多唱劝人为善、戒烟、戒赌和孟姜女等内容。乡间还傩愿,也唱土地戏。解放后,民间艺人用土地戏宣传

---

[1] 丁世良、赵放主编:《中国地方志民俗资料汇编·中南卷》,书目文献出版社,1991年,第666页。
[2] 讲述人:王华文,樟树湾人,1941年生。

国内时事、计划生育、党的政策，颇受群众欢迎。[1]

二月初二，是土地爷的生日，这天要为土地"做生祝寿"，过隆重的生日。有的土地庙，人们还专门请人来"唱戏"，隆重时，一连唱好几天。土地庙小，不能像其他庙宇一样，在庙里唱戏，人们便在庙旁边（田间或空地）搭台唱戏，所唱之戏多是木偶戏，曲目则多样化。也有的土地庙，人们会请来专门的和尚师傅，为土地神念经，念"土地经"。金蚌地区有名的和尚师傅斌生和尚对土地庙唱戏和念经的事进行了专门的辨析：

> 土地神是正神，一般建在道路旁，有正大光明之意，可以保佑一方平安。但它是小神，一般是不在土地庙附近唱戏，土地神受不了"木偶戏"，它的神灵级别太低。一般唱戏也就是唱"观音戏"，也可以念"土地经"。二月二，是土地爷的生日。以前金蚌马板塘这老土地庙前，有请人念"土地经"；现在很少有这种活动，一般只是打"供饭"，烧点纸钱，个别人家给土地老倌送张土地袍。[2]

二月二，土地爷的生日，也恰逢农家开始一年的播种时节。于是，祭土地神与祭"田公田婆"也就联系到一起了。有的老人回忆时，甚至将二者混为一谈。对以前金蚌地区的农民而言，"田禾"远比土地老倌生日重要得多，如果土地爷能保佑禾多稗子少，能保佑一年好收

---

[1] 尚立晰、向延振主编：《张家界市情大词典》，民族出版社，2001年，第310页。
[2] 访谈人：王海珍。讲述人：胡斌生。访谈时间：2012年11月20日。访谈地点：金蚌马板塘土地庙附近。

成,唱戏敬供当然是必须的。解放前,二月二,金蚌地区的人,用线香串上用纸剪成的"大钱",插在秧田边上,敬奉土地神,祈求五谷丰登。有的年头,戏会上会组织在公屋里唱"田禾戏",鸣锣放铳,并备"三牲"祭品,祭祀雷祖神和土地神。

春天,农民第一次播种稻谷、红薯、大豆等农作物种子时,要用三根线香串上用纸剪成的"大钱",插在播种的田土边,敬奉土地神,以祈五谷丰登。同时也告诉他人,此地已下种,人畜勿践踏。新中国建立后,此习俗大大减少。早稻插秧,是农民的大喜日子。要选晴天开秧田门,选技术好的人插秧;还要唱插田歌,有"插田不唱歌,禾少稗子多"的传说;插田日酒肴丰盛,要吃米粉子肉和盐鸭蛋,表示庆贺、慰劳。[1]

旧时,如遇虫灾,常祈神驱虫,有的在大端午前后,以庙会为单位,按户筹款,请巫师或木偶戏班子打醮唱田禾戏;有的用竹片编织形似龙头的灯柱1个,再用稻草扎成8～10个灯柱,插上线香或点燃油灯,敲锣打鼓,结队而行,先到庙里敬神,然后围绕派了款的农户的稻田转圈,叫耍火龙灯。如遇旱灾,则祈神求雨,有祭或接两种形式。祭:请巫师数人,备有鸡鱼肉等祭品和纸钱香烛,到邻近的雷祖殿或雨师殿祭奠求雨,有的还抬一头活猪在殿里宰杀,用猪血祭奠,以祈效应更灵验。接:由庙会的为首人组织民众数十人或数百人,鸣锣放铳,"三牲"祭品,将雷祖大帝或风伯雨师塑像从殿

---

[1] 湖南省双峰县志编纂委员会编:《双峰县志》,中国文史出版社,1993年,第571页。

挂青

清明节，人们前往土地庙挂青。上午挂青给土地爷送的是伞，下午挂青给土地爷送的是斗笠，所以，人们一般都在上午去挂青

里抬出来，到旱情严重的稻田边"视察"，祈求降雨驱魔。[1]

20世纪八九十年代后，二月二，樟树湾已经很少有人家去土地庙了。少数家里有事的人，记着这一天是土地老倌的生日，去土地庙烧点纸钱。土地庙在二月二渐渐变得冷清了。

此外，二月二后不久的清明节，樟树湾人除了给自家祖先"挂青"，还要到土地庙给土地爷"挂青"。湘中地区，清明时节雨水多，人们出门总要准备蓑衣、斗笠和雨伞。同样，他们在这一时期，也要给自己的祖先和土地公公挂青送伞。老人们说，挂青要上午去，上午挂的是"伞"，下午挂的就是"斗笠"了。所以，一般是上午去土地庙给土地老爷挂青送伞。

---

[1] 湖南省双峰县志编纂委员会编：《双峰县志》，中国文史出版社，1993年，第571~572页。

4. 尝新敬土地

"土地、庙王有祈有报",春祈秋报一直是我国的传统文化。在湘中地区的广大乡村,夏秋之际的尝新,曾经是一个非常隆重的节日。"祭礼六月初中旬,新谷既熟,择辰巳日荐新,以龙蛇不食谷米也。炊新米为□,馔用鱼,忌鸡,贵有余而无饥也。先报神,次祀先毕,留亲友会聚,谓之'食新',盖秋祭曰尝,独存礼意。"[1]

在我国其他地区,也有六七月间敬土地神的习俗,比如《昆山县志》中载有,六七月间有土地会。在潮汕地区,人们则认为,六月二十六日是土地老爷的诞辰。

> 康熙《昆山县志》卷六《风俗》:六七月间有土地会……顺治年间小民创为阴司上纳钱粮之说,自四五月便异各向土地神至会首家,号征钱粮。境内诸家每纳阡张若干束。佐之钱若干文。至六七月赛会,舁神像,各至城隍庙,以阡张汇纳,

---

[1] 丁世良、赵放主编:《中国地方志民俗资料汇编·中南卷》,书目文献出版社,1991年,第547页。

号为解钱粮,而以钱为会费。潮汕民间认为六月廿六,是土地神圣诞之日,潮汕民间称"土地爷生"。

丰收在望
满丘稻田,丰收在望,金灿灿的稻谷笑弯了腰。2012年,摄于金蚌

谷箩里的稻谷
稻谷经打谷机脱粒后,装进谷箩里,挑回家中的晒谷坪去晾晒。2012年,摄于走马街

樟树湾人逢年过节都会去土地庙烧香祭拜,有时隆重,有时简单。尝新(当地人也叫"吃新")在20世纪90年代之前的金蚌地区是一个比较隆重的节日。夏秋之交,正值双抢农忙时节,樟树湾人在收获早稻,播种晚稻,插田扮禾忙得不亦乐乎的同时,也不忘庆祝丰收。

尝新一般都会选择在中午,做饭的米一定要用新收获的稻米,炒的菜通常极其丰盛,必须有鱼、有肉。有的地方尝新时忌讳有鸡上桌,樟树湾人没有这一忌讳,这里的方言,没有"饥"只有"饿",所以鸡的谐音"饥"在此是无效的。尝新是对半年的劳动收获的庆祝,鸡、鱼、肉都得有,才是真正的"盛宴",才是真正的"打神福"。如果没有了鸡这一道大菜,尝新席就低了一个档次。

六月六,农人祀土地神,以祈丰稔……是月早稻熟,择卯日尝新肴（谷），用鱼不用鸡，以余、饥字音相近。[1]

六月初六日……家具鸡黍祀田祖及土地神。又，是月内，择卯日取新米设祭祖、会宴，谓之"尝新"。[2]

尝新除了备美味佳肴（特别是一定要用新收获的稻米，还得请家族中的长辈前来团聚。尝新的第一个程序，就是得备好三牲祭品、用新米做的米饭，带上钱纸、线香、蜡烛、鞭炮前往土地庙，祭祀土地神。如果说二月二春天时，人们去土地庙是许愿并祈求一年的丰收。那么，尝新时，则是人们去土地庙还愿，感谢土地神的恩赐与庇佑。尝新前祭土地神，多是家中长辈前往土地庙"请神"[3]，感谢的同时还得祈求土地神继续保佑晚稻能有好收成。从土地庙祭祀归来，还得在厅屋里敬天地祖宗。厅屋里的祭祀与土地庙前的祭祀差不多，也是焚香、

供桌
2012年，摄于走马街

---

[1] 丁世良、赵放主编：《中国地方志民俗资料汇编·中南卷》，书目文献出版社，1991年，第514页。
[2] 丁世良、赵放主编：《中国地方志民俗资料汇编·中南卷》，书目文献出版社，1991年，第667页。
[3] 金蚌方言"请神"，即祭拜神灵时，由主持祭祀的人说祝词。

点蜡、烧纸钱、放鞭炮、请神,偶尔有的人家也会打卦求平安。

每年夏秋之交,农家第一次吃新米饭,叫尝新。一般要选择吉日,备有美酒佳肴,全家团圆。菜肴中一定要有鱼,最好是鲢鱼("余"和"连余"的谐音)。餐前要先敬天地祖宗,餐时要让年长者先尝新,然后大家才吃,以示共同庆贺劳动成果和不忘天地、长辈之恩。[1]

尝新在以农耕为主的时期,是非常隆重的节庆日。是日,全家团聚,先敬土地神、天地祖宗,与其分享丰收的喜悦,同时,老人们在这一节庆中,也备受尊敬。与"团年饭"一样,"吃新"宴也是一年中最丰盛的美味佳肴,老人们不仅是节日的主角,更重要的是,他们可以在一年之中,多次吃"团年饭"、"尝新"宴。如果有人家"尝新"、吃"团年饭"没有请自家长辈来,那就是最大的不孝,为邻里所不齿。

小知识◎赞土地

赞土地,湘中地区广为流传的民间说唱活动。赞土地分两种,一种为赞阳春,多在春节期间,手持小锣和竹块,挨家挨户赞土地送财神;一种为赞家堂土地,多在春节期间,随舞狮、舞龙队伍,入各家各户厅屋赞好话。赞阳春土地赞的内容非常广泛,要求见什么能赞什么。赞阳春土地有对赞

---

[1] 湖南省双峰县志编纂委员会编:《双峰县志》,中国文史出版社,1993年,第573页。

的形式，有的赞阳春土地高手，可以经得起"盘土地"，有人盘，有人接，直到二人之间分高低。赞家堂土地有相对固定的格式和赞词。清同治年间，益阳曾出版《七十二行赞土地书》。

◎挂青

在我国南方很多地方，清明节期间，人们都会去祖坟上挂青。"有儿坟上飘白纸，无儿坟上草树青。"一座坟头清明是否挂青，成了一个家族是否后继有人、兴旺发达、父慈子孝的重要标志。坟头上"挂青"越多，说明墓主家族人丁越旺。湘中地区，人们将白纸或彩纸剪成的纸串（有图案，多为铜钱样）用竹竿系着，挂在坟前，俗称挂青。同时，还要带纸钱、鞭炮、蜡烛等在祖坟上祭拜。

五 庙堂虽小管生死

"庙堂虽小管生死",土地庙与人生仪礼关系密切。旧时,人们的生老病死都与土地庙及其供奉的土地神有关联。怀孕之前,有去土地庙向土地神求子的习俗;人出生后,有向土地神报名的习俗;人去世后,也会首先到土地庙报到,俗称"报庙"。小小的土地庙,与其所辖管范围内人们的生老病死息息相关。此外,土地庙与小孩的关系非常独特而有意思。家里有小孩哭闹、不舒服等,大家都会去土地庙许斋饭。有的小孩找不着了,大人也会怪土地爷把他藏起来了。

1. 土地公公

土地神，俗称土地爷或土地公，这一称呼本身就表明了人们与土地神之间的特殊关系。土地神对人们而言，更像是自家爷爷，可以没事跟他唠唠嗑，有事求他帮助，可以跟他讨价还价，也可以跟他"赊账、还账"（许愿还愿），更不可思议的是，还可以"以眼还眼，以牙还牙"，跟他恶言相对。

传说，樟树湾很多人见过土地公公，他是一个和蔼可亲的白胡子老爷爷。土地公公和孩子们的故事在这里特别多。孩子出生后，奶奶们都会在厅屋里请神报户口，请求土地公公的庇佑。平时，孩子哭闹或有个头疼脑热的，母亲多会带他去土地庙，烧香拜土地。也有人从土地庙前的香炉里，取一些香灰，回家当药冲服，说是土地庙前香炉里的香灰冲泡的水具有驱邪治病功效，特别灵验。

土地公公显灵的情况约略可以分为两类：一类是土地爷作怪，报复或者捉弄人们。比如最常听到的是，土地公公把小孩藏起来，大人怎么找也找不着，最后去求拜土地公公，小孩才出来。

有一次快天黑时,我从老屋那边回来,走到樟树塘拐弯处,看到隔壁文姐姐躺在电线杆(俗称电线柱子)下的一个坑里。我觉得奇怪,叫文姐姐,她也不回应。当时也没多想,直接往家赶。后来,看到文姐姐她妈正在找寻,我告诉大人们,说她躺在电线柱子下那个坑里,结果被人家臭骂了一顿。文姐姐家里人四处找不着她,只好去土地庙那儿焚香烧纸,许了土地公公一顿斋饭,终于在电线柱子下找着人了。[1]

樟树湾人都知道自家屋场的土地公公最喜欢干"藏人"这种事了,土地公公藏人,一般藏的是小孩。于是,谁家小孩不见了,家里人都会去土地庙前许斋饭,土地公公也就放人了。许了愿,就得还,许什么,还什么。如果许愿了,到时间没有还,土地公公就会捣乱,家里就没法安宁。

一类是土地爷帮助人,包括保护本屋场的人不受伤害,救助身处困境中的人们等,在调查中,我们听到如此一则讲述:

我们小时候,咱们隔壁你学叔是见过土地公公的。他常见到一个很高的白胡子老头,在路上拦住他。还有一次,我们这地方一小孩掉到池塘里。人们发现他时,他坐在池塘底,并没有被淹死。后来他说,是一位白胡子老头告诉他,不要动。于是他就坐在那儿不动,直到有人来救他。[2]

土地公公对本境内的小孩尤其关照,小孩们玩耍或嬉闹中,有了

---

[1] 访谈人:王素珍。讲述人:王海珍。访谈时间:2013年2月6日。访谈方式:电话。
[2] 讲述人:王华文。访谈人:王素珍。访谈时间:2012年8月14日。访谈地点:金蚌。

危险，土地公公都会仗义出来帮助。人们得到他的保护庇佑，当然会更虔诚地回报，除了表示答谢的敬供，逢年过节都会去土地庙焚香烧纸。

有的小孩生下来，算命先生说八字硬，不容易成长。家里人就会带小孩去台洲庙寄名，或去土地庙拜土地公公、土地婆婆为"干爷干娘"。到土地庙"拜干爷"，仪式比较简单，抱着孩子，在土地庙前焚香、点蜡、烧纸、磕头、请神，让土地公公、土地婆婆当"干爷干娘"，并许愿，如果能保佑孩子长成人，将如何还愿。有的还要打卦问询，看土地公公是否愿意，如果土地公公说不能拜，那就得请示，是否要去庙王菩萨那儿。有了庙王公公、庙王婆婆或者土地公公、土地婆婆的庇护，八字硬的小孩一般都会比较好带，且一长成人。

在樟树湾，常常可以听到"错路鬼"的故事。"错路鬼"经常让人在晚上迷路，找不到回家的路。一般遇上"错路鬼"的人都是比较软弱或阳气不足的，对付"错路鬼"的办法有多种，可以借助火、光、鸡叫、血等镇煞，也可以去土地庙求助土地公公。

> 生产队那会儿，有一次，晚上我从"上头大屋里"回来，走到"垄子里"时，就不知怎么回事，老在原地打转，走了好几回，老是回到原地。我当时就想，这下糟了，碰上"错路鬼"了。后来幸好碰上咱们隔壁你两位远房叔叔，他们也经过那，他们打着灯，又说话，叫上我，才终于回来了。[1]

"错路鬼"的故事，不仅在金蚌地区较常见，当我回到北京，和邻居聊天时，他也谈及老家甘肃那边有类似的情况。

---

[1] 访谈人：王素珍。讲述人：王新学。访谈时间：2012年8月17日。访谈地点：金蚌。

我们村的一个村支书,也是我一个远房叔叔,生产队那会儿,晚上他骑车去隔壁大队参加学习班,开会开得有点晚了,回来的路上,经过一片乱葬岗。本来半个小时的车程,他骑了"大半天",后来才发现,原来自己根本就没骑远,总是回到原地。他很奇怪,不敢相信,于是,加油使劲继续骑。当再次回到原地时,他有点慌了。知道碰到"情况"了,他听说"鬼"怕火,就停下来吸了根烟,感觉清醒多了,接着继续骑。但烟灭了,没过多久,他又回原地了。一直到天蒙蒙亮,能听到鸡叫声了,他才完全清醒,很快骑回家里了。天亮后,他回头来探看昨晚的情况,发现在乱葬岗,他的自行车将本来荒蛮的山坡硬是碾平了。[1]

樟树湾人如果有家里人出去办事,在本应归来的时间没有回来,找又找不到时,就会去土地庙里求助土地公公,许顿斋饭之类的,搬请土地公公去对付"错路鬼"。

---

[1] 访谈人:王素珍。讲述人:吴生桂。访谈时间:2012年11月9日。访谈地点:金蚌。

2. 接亡与报庙

民间相信，人死后是由土地公引路前往阴曹地府的，土地公是阴神，无论是引路或守墓，皆与土地神的阴神性质有关。

樟树湾人的生死都要经过土地庙里的土地神，如果是在本土本境内出生或死亡，都属土地公公管辖范围，并不需要特意去土地庙请神。如果孩子是在外面出生或者人是在外地死亡，当孩子回到樟树湾或死者回到本地安葬时，就必须通过本境土地公公的同意。在外出生，第一次回来的孩子，必须在进自家厅屋时，由老人在神龛前请神，尤其是要禀告土地公公和列祖列宗，这是谁家的孩子，要祈求他们的保佑。如果没有举行这一简单的仪式，很多孩子都会在半夜哭闹不止。家里老人们知道了，就会责备后辈不懂事，赶忙补救，在厅屋神龛前禀告家兴土地及列祖列宗。

如果当地有人在外地非正常死亡时，需要去庙里接亡，一般是夜里去庙里，叫"放台"，要敲锣打鼓，备好鸡鱼肉三牲祭品及钱纸香烛，可以自己家里人组织去，也可以请和尚师傅一起去，到台洲庙里，祈请庙王公公、庙王婆婆，允许亡灵回家来。同时，从庙里到灵堂的路上都要插上纸伞，如此，才能将死者的亡灵顺利从庙里接回家来。如果是在外正常死亡，一般就不去庙里，只需在十字路口接亡即可。准备供果、钱纸、香，敲锣打鼓，和尚师傅带队，孝子将拖头布举起，将亡灵接回灵堂。此外，金蚌地区人们凡举行祈福禳灾的重要祭祀活动，供桌上都要设土地神，请土地神到场。

在我国其他地区，也有类似的习俗，即生下孩子第一件事是去土地庙"报户口"，人死了第一件事是到土地庙"报丧"、"泼汤"。

> 土地神虽然官不大，但管的事却不少。辖区内凡婚丧喜事、天灾人祸、鸡鸣狗盗之事都要经他管理，有些地方生下孩子的第一件事是提着酒到土地庙"报户口"。死了人的第一件事是到土地庙"报丧"，因为死的鬼魂要由土地神送往城隍府。[1]

> 江苏高邮地区"凡人始死之时，家人必以芦席稻草，圈于土地祠旁，为魂灵栖留之所，谓之铺堂。铺堂之后，家人则按中晚两餐，备具饭一盂、菜两盘，送至祠旁所设之鬼寓，多则三天，少则两天，谓之送饭"。[2]

在我国北方很多地区，人们相信：人死后，灵魂并没有立刻前往阴间地府，而是会在土地庙做短暂停留，一般是三天。在此期间，由土地神去阎王爷那汇报核实，此人是否在生死簿上有登记，如果一切正常，那么三天后灵魂将顺利进入阴间地府。因此，华北乡村人死后，有报庙习俗。在文安县"亲初丧，设庐床，张素帷，停尸正寝，男

---

[1] 赵冬：《土地公公》。新浪博客：赵冬的 blog。
[2] 胡朴安：《中华全国风俗志》下篇卷三，河北人民出版社，1986年。

女素服,哭诣土地庙,谓之'报庙',日凡三次"(民国《文安县志》,民国十一年刻本)。南皮县"初丧哭踊,披发垢面……诣土地庙焚纸招魂,曰'报庙'"(民国《南皮县志》,民国二十二年刻本)。定州"亲初丧,子以香椿踵五道神祠,哭而归"(道光《定州志》,清道光三十年刻本)。人死后三天,亲友特别是孝男孝女都要到土地庙报丧、泼汤。一方面,告慰死去人的灵魂,让其在土地庙享受后人的敬奉祭拜;另一方面,人们在土地庙前贿赂土地神及其他相关神灵,祈求他们保佑死者灵魂顺利进入阴间地府,而不致于流亡为孤魂野鬼。事死如事生,一日三次,人们去土地庙祭祀、泼汤,直到第三天将死者下葬,让其入土为安。如此,讲究的人家需要去土地庙共七趟。

在山东沂蒙地区,一些村落,人老(死)了后,要去村里的土地庙㨄汤。㨄汤也叫"泼汤"。㨄汤的时间一般是出殡当天的上午(也有头天晚上㨄汤的),回去就待中午客,待完客紧接着出棺了。㨄汤的水饭多是小米汤,用水桶或罐子装着,两个人架(抬)着,往前提溜着,走着。㨄汤的时候,儿女等都得去,儿女、本家、近门,近的像侄子、侄女、堂侄子,再远一点的,反正都得跟着去。到那儿,儿女都跪倒,磕个头,烧点香,浇点酒,烧一堆纸壳,那就是报道亡人的意思,报道亡人平安离去。烧完纸壳,磕完头再转圈。围着土地庙转一圈,就倒掉桶里或罐里的汤。如果是两趟的话,第一趟不倒,最后一次才倒,一般是顺时针转一圈。㨄汤的次数也是有讲究的,如果父母都不在了,那天得两趟。要是有爸无妈,或者有妈无爸,就只要一趟。[1] 泼汤在这里带有示威的性质,独门独户不想泼,家族里人越多越愿意泼。家

---

[1] 访谈人:龙圣。讲述人:单大爷、张书记。访谈时间:2012年12月6~7日。访谈地点:兴隆庄、张山湾村。

族里人多的，一群人到土地庙浇祭，显示的是家族人丁兴旺，即是"生者的荣誉，死者的光荣，家族的大团结"。独门独户的也泼汤，但泼得没底气，两三个人，人少就显得很孤单。[1]

---

[1] 访谈人：刘晓。讲述人：张庆宝。访谈时间：2012年9月22日。访谈地点：费县马庄大井头村。

3. 后土神

也有人认为土地神属于城隍之下,掌管乡里死者的"户籍",是地府的行政神。一般各地在祭公祠、扫墓、破土、下葬时都要先祭土地公,俗称"祭后土"。后土神被视为土地神的分身,墓地祭后土神。墓祭后土之俗,从上古到近代,一直存在。《周礼·春官·小宗伯》有"成葬而祭墓为位","位,坛位也,先祖形体托于此地,祀其神以安之"。唐代,人们在造墓、迁葬时,面向墓地的右方临时劝请后土神,祈求允许开工,保佑工程中平安无事,并保护人们造好墓地。

跪读祝文曰:"维年月日,朔子某官姓名(若主人自告,父称孤子,母称哀子姓名),敢昭告于后土氏之神。今为某官姓名(若主人,自告云为父母官封某甫,母云太夫人,若郡君某氏,各随官称之),营建宅兆,神其保佑,俾无后艰。谨以清酌脯醢,祗荐于后土之神,尚飨!"[1]

---

[1]《大唐开元礼》卷一百三十八。

到了宋代，清明节上坟，事先打扫墓地时，要拜后土神；上坟当天，祭祀祖先，也要再拜后土神。朱熹撰《家礼》中也有墓祭后土的记载，如卷四《丧礼》中记载，人死后"择日开茔域祠后土"、埋葬过程中"及墓，下棺，祠后土"。墓祭后土的原因，朱熹解释说："极而言之，亦似然。此即古人中之祭，而今之所谓土地者……虽曰土神，而只以小者言之，非如天子所谓祭皇天后土之大者也。"[1]

明清时期，造墓时不再临时劝请后土神，而是于墓侧立一象征后土神的石碑。这种石碑高约六七十厘米，石上多书后土、山灵、龙神、福神等，其位置一般在墓前的左方或右方，也有左右两方都立的，不过也有立在墓后的左方或右方的。人们对其加以祭奠，祈求后土神保佑死者亡魂。清人钱大昕《十驾斋养新录》卷二云："今世营葬，必于其侧立石，题后土之神。临葬，设酒脯祀之。盖古礼也。"钱泳《履园丛话》卷三云："今坟墓上有土地之神，每年祭扫，必设酒脯祀之。其来已久。"而姚福均《铸鼎余闻》卷三则云："今吴俗墓旁之土地神，当祭于土地庙。"总之，作为大地之神的后土神也具有墓地守护神的职责。有清一代，后土被认定为司掌坟土的冥神。这种后土的神职认同今天在全国很多地方都有保留。台湾、福建的现代墓碑后还明确刻有"后土"二字。在晋东南和晋北部分地区也有此风俗。

山东枣庄张山湾村墓地后土神位
孔军摄于 2012 年

在山东枣庄地区张山湾村，

---

[1] 《朱子语类》卷第九十礼七。

村里每个姓氏宗族都有自己的墓地，俗称"林地"或"祖坟地"。张山湾村，村南有座张氏祖坟，坟前立有墓碑，坟后立有一块后土碑，上面书写着"后土之神位"几个字。为何要立这么一块碑，村里人解释道："人有前有后，前头碑，后土碑，有前也有后。"[1]在张山湾村及其周边村落，有"跑马圈地"的习俗，即选好墓地后，会把买来的"后土之神位"石碑放置于墓地，在下葬之前，骑着马绕墓地正转三圈、反转三圈，也有不骑马，由人拿着纸马跑圈的。"后土之神位"石碑，可能有镇阴宅之功用，即保佑或守护墓地之意义。[2]

[1] 访谈人：孔军。讲述人：成桂英。访谈时间：2012年12月7日。访谈地点：张山湾村。
[2] 讲述人：沙朝佩。讲述时间：2012年12月7日晚。讲述地点：山东枣庄山亭。

4. 地契与大包

金蚌地区，给刚去世的人做佛事，或者给去世的人过月半念经或做佛事时[1]，通常要给死者"化屋"一座。"化屋"，除了要定制"灵屋子"，另外的一件大事，就是要准备一张盖有三宝印的"屋契"。去世的人只有收到地契和"灵屋"，才能名正言顺"享用"他的后辈敬献的"房屋"、"花园"。地契，俗称屋契，即阳造阴用的土地房产所有权证书。对中国人而言，房子是家中最重大的事，有房才有家。不仅在世的人一辈子忙着盖新房、买新房，就连去世的人，其后辈最关心的也是其是否有住的房子。依契约规定，地契也有中人。也就是说，阴间的房子买卖也是要有中人的，即房产的凭证人。传说地契中人有两位：张坚固、李定妥。

---

[1] 七月半在金蚌地区是一个非常奇特的节日，所谓"年小月半大"。农历七月十五日是"中元节"（俗称"中元大会"），金蚌地区也叫"七月半"。在这一天，几乎家家户户都要"接公婆"、祭祀先人。当地有谚语："六月扛菩萨，七月接公婆，八月大扮禾。"

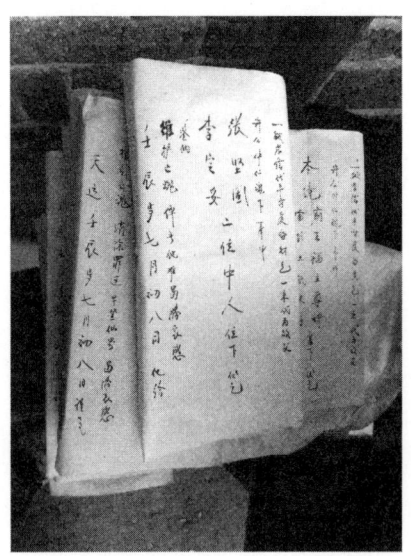

地契中人张坚固、李定妥财包

此是专门烧给地契中人张坚固、李定妥的财包。"灵屋"需有地契，地契需有凭证中人。传说，地契中人为张坚固、李定妥。2012年，摄于坝塘坳上

地契，全称"佛法僧门下关于阳造阴用土地房产所有权证书"。

  佛法僧门下关于阳造阴用土地房产所有权证书 根据中华人民共和国湖南省长沙府原湘乡县同德二十五都沐导乡宣丰里金蚌保福主台州庙王通灵土地祠下居位报本孝男某某等敬为故父（亡母）某某魂下经请示国土部门业经土府大帝批准划给昆仑山脉下土地壹宗建造花园壹座基地壹所并抵四方余基壹佰另捌文呈请凭中人张坚固李定妥上凭青天下凭地府前朱雀后玄武左青龙右白虎时值冥钱壹封就日成交契债当面两清尚未短少分文倘有魑魅魍魉恃强混占即持票里都阎罗天子严行究办惩治励（厉）罚令欲有凭给付 受度亡者某公某

某魂下居住管理永远收执为据　准场中人　张坚固押李定妥押　公元二零一二年壬辰岁七月初八日　当坛颁给

从地契上的地址"中华人民共和国湖南省长沙府原湘乡县同德二十五都沐导乡宣丰里金蚌保福主台州庙王通灵土地祠下",我们可以看到民众关于历史的记忆是多元而混杂的。"中华人民共和国"肯定是和他们的现实生活太密切,他们已经完全接受。湖南省长沙府成为他们记忆中理所当然的设置。倒是湘乡县,他们意识到,这是原有的,现在已经是双峰县了,但关于湘乡县的记忆似乎又比双峰县来得亲切、来得自然,于是,他们选择在"湘乡县"前加了一个"原"字,这样既可以避开现在的建置,又可以启用他们觉得更亲近的"湘乡县"。至于后面的"同德二十五都沐导乡宣丰里金蚌保"则纯粹是在"原"的启示下的记忆,是记忆深处最深刻的印记。不管朝代如何变更,不管建置如何改换,"福主台州庙王通灵土地祠下"是不变的,庙王和土地才是最"基层"、最直接的"管理者"。

地契的书写与盖章也是很有讲究的。主家会请当地熟悉这些"老规矩"、字写得漂亮的"能人"来负责。这位"先生"一天的任务就是,书写十二阎王及其他神灵包和地契。这些包和地契都是用毛笔来书写,并没有印制好的成品可用。"先生"通常会带有自己的文书笔记,包括十二阎王的名号、其他神灵的名号以及地契的书写格式。什么包用什么纸、

地契

地契,全称:佛法僧门下关于阳造阴用土地房产所有权证书。地契的书写与盖章也是很有讲究的。2012年,摄于金蚌

什么格式书写都是有讲究的。地契的书写更是很多乡下热心人关心的事，所以负责的"先生"非常谨慎。地契纸是白色的，非常薄，"先生"先将其折成15行折，合理安排地契文的布局，并要保证书写时不能写错字。书写的时候，会用其他纸垫在下面，防止纸破或者墨汁渗透。写好的地契，需要盖上"三宝印"章，章盖在哪个位置，盖多少章也是有讲究的。数字、人名、日期等有特殊意义的地方是需要盖章防伪的，一张地契总计盖有12个章。

人去世做佛事，或七月半做佛事念经时，除了地契，还要给死者及其他神鬼写大包。其中就有：本境庙王福主尊神、当坊土祇夫子、土府大帝尊王等包需要写。大包，也叫财包。大包是在钱纸的基础上，加上白纸封皮，再写上收送人的名字。一般敬神，主要用钱纸。钱纸，

七月半念经或做佛事时烧给逝去祖先的财包
此为白色财包。这些财包通常数量庞大，焚烧时需要用谷箩挑往焚烧地。2012年，摄于坝塘坳上

也称纸钱。纸钱多是毛边纸，一种黄褐色的很粗糙的纸。以前都是买一大沓的黄纸，回家再用"凿子"（最下横截面做成圆圈、中间有个方柱的钢铁铸件）在纸钱上打上一排排的印，类似古代的铜钱"孔方兄"，再一张张撕开，叠成一摞摞的。纸钱是按"刀"计量的，一般都说，买几刀纸、烧几刀纸。大包一般只有在念经或做佛事时才会制作和焚烧。

一般大包均为白色包。神灵包除了孤魂野鬼包[1]以外，如"本境庙王福主尊神、当坊土祇夫子"包、"土府大帝尊王"包为黄包（即包纸钱的纸为黄色），书写格式为：

> 一卦孝信某某等虔备黄包一束代为故父（母）某某魂下参拜　本境庙王福主尊神、当坊土祇夫子案下伏乞　鉴纳　所求菲薄　勿嫌辄衷　曷胜哀感　天运壬辰岁几月初几日谨呈
>
> 一卦孝信某某等虔备黄包一束代为故父（母）某某魂下参拜　土府大帝尊王殿下伏乞　鉴纳　所求菲薄　勿嫌辄衷　曷胜哀感　天运壬辰岁几月初几日谨呈

这些财包是烧给各路神灵的，也是祈求各路神灵庇佑帮助死者的。其中，庙王和土地是最基层的，也是亡灵顺利进入地府的重要中间力量。

七月半或者人去世后做佛事，其间会举行"谢地"仪式。所谓"谢地"，也即酬谢土神，"师傅"念经施法，将家宅净化，防止任何不祥之物留在主家，保佑主家发财。厅屋正前方留有一桌，桌前悬挂"师

---

[1] 孤魂野鬼包为白色财包，包括：宫音由（fú）子、商音由子、角音由子、徵音由子、羽音由子。张坚固、李定妥二位中人包亦为白色财包。

傅"制作的大红纸（俗称镇宅灵符），红纸上画有灵符，并书有："南泉香水安土府，西山灵符镇宅庭。"厅屋中间留出一处空地，地上放一茶盘，茶盘里盛放大米、大活公鸡一只、鱼一条、肉一大块，旁边放置大堆钱纸，焚香点蜡。师傅先把公鸡宰杀，用鸡血镇煞，然后手持烧开了的"米酒"，绕地画一圆圈，再用燃烧的钱纸把酒在地上的"米酒"点燃，地上呈现一个"火圈"，连带把地上备好的钱纸焚烧。接着，师傅把茶盘里的鸡、鱼、肉装进自己的行礼袋里（这些祭品是送给"掌教师傅"的）。靠近门口摆放一桌，留有简单的一些乐器，由两个"帮教师"负责配奏。主持"谢地"的师傅一手把着香，并拿了一团棉花，另一只手不断抽一些棉花往正前方扔，并不停地唱赞。同时，地上多了一个"箩盖子"（篾制的器皿），师傅领着孝男孝女围着桌子转圈，每转一圈，主家的孝男孝女们要往"箩盖子"里扔钱。师傅嘴里唱着赞颂主家的好话，"往聚宝盆里放一块，以后便可以挣回一百块"，所以说，孝男孝女们扔的钱越多，以后发财的机会就越多。不过，大家都知道，"箩盖子"里的钱是给师傅的。如此，师傅会视"箩盖子"里的钱的多少来决定还要不要继续"转圈"。只有当师傅觉得已经差不多了，他才会继续下一个仪式，即用法水喷地，镇宅保平安，并给主家家里人打卦。一般而言，这时候只需打一个总卦即可，卦必须是"宝卦"。

小知识◎报庙

人死了以后，最普遍的做法是要"报庙"，就是立即把死者去世的消息报告给阴间的阎王爷。报庙的地方可以是土地（土地神）庙、城隍（城神）庙、或五道（五道神）庙，要根据当地的习俗而定。人们相信这些神的作用之一是守着阴间的门，从而有助于逝者的灵魂进入神灵世界。

◎地契与买地券

地契，也称屋契，是买地券的一种。买地券又叫作"地券"、"墓券"，始见于汉代，多作为死者拥有阴间土地的凭据。魏晋以后，人世间逐渐用纸书写契约，纸形近于正方，买地券的质料和形制也相应地发生变化，多仿纸契，用短而广的陶砖、石片、木板制成，文字多是刻画出来或用朱墨书写。买地券是随葬品，是葬家为死者虚构的一种置买墓地的契约。

湘中地区，屋契书写用的纸为皮纸，多为白色的，比较薄。没有皮纸，也有写在黄纸上的。屋契书写格式大同小异，常见的有：

立契出卖花屋基地字神土府大帝位下　今将地名本邑中华人民共和国湖南省长沙府湘乡双峰县二十五都沐导乡宣丰里金蚌保福主台洲庙王××村××通灵土地祠下花屋一座基地一块槽门院墙一栋　前凭朱雀后凭玄武左凭青龙右凭白虎四抵分明　挽请凭中人张坚固李定妥比日三面议定照时值价钱契两交并未短少分文　出卖与先考（妣）××魂下承受为业　自出卖之后不得反悔异言　恐口难凭　特立此卖契　一纸付与亡故先考（妣）××居住管理　永远收执为据　倘若有魑魅魍魉邪神越界强占混争为由　本境城隍殿前严惩不贷　契载分明　领不重书　在场人张坚固李定妥　天运××岁×月×

日 土府大帝立 白鹤仙人代笔

　　立契出卖阳造阴屋基地字人盘（盤）古大帝今将湖南省长沙府双峰县蛇形山镇泉塘村谭山组地名谭山屋后山座北朝南屋场基地一块前齐朱雀后齐玄武左齐青龙右齐白虎四抵为介请凭中人东王公西王母出卖与（新）故亡者××名下起造居住为业皆三面议定价值财包一封当日交清未少分厘自卖之后不得反悔异言尚口不评有屋契为据倘有魑魅魍魉及一切妖魔鬼怪侵占启告酆都大帝解送究治卖契一纸付与（新）故亡者××永远收据 凭中人 东王公西王母 押　×年×月×日　盘古大帝亲笔

六 日常生活中的土地庙

土地庙、土地神与樟树湾人们的日常生活息息相关。土地庙除了在特殊节日及人生礼仪中扮演着特殊角色外,在民众的日常生活中也有着重要的意义。土地庙或破旧、或华丽,承载的民众情感及日常信仰既复杂又绵延,人们对土地庙的态度,或相信其"有求必应",虔诚祭拜;或偶尔土地神失职,人们"以其人之道还治其人之身",甚至不惜用强硬手段与之对抗。小小的土地庙,我们不仅可以品味人生百味,同时可以透视人与人之间的交往及相互关系。人们对土地庙和土地爷是敬而不畏。

1. 庙小事多

俗话说"田头田尾土地公",说的是土地庙遍布各地,无所不在,凡有人烟的地方,就有土地庙、有土地公。"在乡下,'土'是他们的命根。在数量上占着最高地位的神,无疑是'土地'。'土地'这位最近于人性的神,老夫老妻白首偕老的一堆,管着乡间一切的闲事。"[1] 土地公是乡土之神,专司本乡本土之事,与民众日常生活息息相关,保佑一方平安。土地庙虽小,土地神位虽卑,但在其管辖的范围内,土地神职责可不少,民间流传有"别拿土地爷不当神"的说法:

> 在民间,别看土地是道教诸神中地位较低的神祇,属于基层的神明,官不大,但管的事却不少。凡婚丧喜事、天灾人祸、鸡鸣狗盗之事。[2]

有的土地庙是灵验的"牛王神"庙,谁家的耕牛生了病,只要到

---
[1] 费孝通:《乡土中国·乡土本色》,上海世纪出版社,2007年,第7页。
[2] 仲富兰:《土地庙》,2011年11月16日于上海。

土地庙里烧一炷香，放一串鞭炮就会好。土地神可以保佑农业收成，也可以保佑生意人经商顺利、旅客旅途平安，甚至还保护坟墓不受邪魔的侵扰。

人们对待土地神的态度和方式也颇有意思，一方面是虔诚恭敬拜祭祈求，比如每年二月初二是土地爷的生日，人们会去土地庙烧纸敬供，祈求土地神保佑。另一方面，也有人以其人之道还治其身，用强硬的措施来应对土地爷作怪：

> 土地老倌也怕恶。有一家人的鸡丢了，找不着了，到处找都不见。这家人怀疑是土地爷将其藏了起来，于是，跑到厕所舀了一勺大粪喷在土地庙上。结果，鸡马上出来了。可见，土地爷也怕凶狠的人，所谓"怕硬"。[1]

土地公专门负责其所辖地盘的安宁，但如果人不事先打招呼，给他一定的报酬，他会不闻不问，任鬼胡来。因此，人们在从事与土地有关的活动前，必须先祭土地。祭法是"备五碗素菜（豆腐、芋芳、青菜、萝卜、笋片等）、一副蜡烛香、两杯黄酒，将这些供品摆在地中间，然后主人叩拜祝念：'土地菩萨，人要在这里造猪厩、牛厩，请帮忙移一移，保佑我家养猪像牛、养牛像马。'祭毕，方可破土动工"。[2]

> 解放前，常以忌讳的迷信习俗，提醒人们注意安全。驾船与挖煤事故频繁，故忌讳尤多……挖煤的除有些相同的忌讳外，还要在煤炭洞口安放"土地菩萨像"，常用鸡、猪血

---

[1] 访谈人：王素珍。讲述人：王华文。访谈时间：2012年8月14日。访谈地点：金蚌。
[2] 赵冬：《土地公公》。新浪博客：赵冬的blog。

祭奠，祈保安全；厂棚子要张贴"赵公元帅"神位，每月敬奉一次，祈保发财。[1]

《集说诠真》中说："今之土地祠，几遍城乡镇市，其中塑像，或如鹤发鸡皮之老叟。或如苍髯赤面之武夫……但俱称土地公公。或祈年丰，或祷时雨，供香炷，焚楮帛，纷纷膜拜，必敬必诚。"

小小的土地庙，常常香火很旺。民间相信，"县官不如现管"，"土地不松口，毛狗不敢咬鸡"，"土产无多，生一物栽培一物；地方不大，住几家保佑几家"。村中如发生瘟疫之灾、虎狼之患，会去土地庙祈求土地神消灾除患；如发生盗窃之事、斗讼之争，也会去土地庙祈求土地神指点迷津、主持公道。

---

[1] 湖南省双峰县志编纂委员会编：《双峰县志》，中国文史出版社，1993年，第572页。

2. 厅屋与神龛

在我国南方很多地方，包括湘、鄂、赣、川、黔等地，一般人家都建有厅屋。厅屋，即厅堂，是家里最宽敞、也最神圣的空间。厅堂里设有神龛，平时祭祀等大事都在这里举行。厅屋还有一个最大的功能，那就是：它是办红白喜事、举行各种重要仪式的场所。

石竹湾老厅屋
正厅建有神龛，神龛正面贴有天地国亲师及其他神位。神龛上放置有死去先祖的遗像。厅屋正前方放置有供桌。2013年，胡正时摄于石竹湾

横厅屋
老屋场的老房子除了正厅屋外，两旁还有可能建横厅屋。正厅屋是好几户人家的公共场所，横厅屋则是一家自有的。2013年，胡正时摄于金蚌石竹塘

神龛
此为一家新盖楼房厅屋里的神龛。中间书天地国亲师位,两旁列司命府君神位、观音大士神位及赵公元帅神位、熊氏夫人神位。2012年,摄于金蚌

神龛
此为金蚌马氏夫家厅屋的神龛。中间是天地国亲师位,两旁书有司命府君之位及注生娘娘之位。2012年,摄于金蚌

神龛,俗称神台。"民国时期及以前,城乡家家户户厅堂设'神台'。神台之上大书'某氏祖先神位'或'天地君亲师神位'。厨房灶台之上写'九天司命神位'。猪栏边也写'姜太公在此'。每月初一、十五要祭祀,逢年过节祭祀更隆重。'文化大革命'期间,神台、司命神位尽毁。80年代末,又有不少人家重设神台。"[1]

金蚌地区,一般人家的神龛正中用一张大红纸上书"天地国(君)亲师位"[2],右边(也叫大边)有司命府君[3]、观音菩萨[4]、王氏君位,左边(也叫小边)有赵公元帅[5]、熊氏夫人(注

---

[1] 湖南省衡山县志编纂委员会编:《衡山县志》,岳麓书社,1991年,第618页。
[2] 一般左右两边加对联"祖德流芳千秋福,宗功笃庆百世昌"。且"天地国亲师"书写时要求"天不顶天,地不开叉,国不关门,亲不闭目,师不担刀,位不离人"。也有人家中间书"某氏祖先(先亲)神位",左右两边加对联。
[3] 有的神龛上除了书有"司命府君之位"外,另在左右加对联"上天言好事,下地保平安"(上天呈善事,下地降吉祥)。
[4] 也有写"观音大士之位"。
[5] "赵公元帅之位",左右加小一号字体对联"身骑黑虎广招财,手执金鞭带进宝"。

生娘娘）[1]、炉头祖师（鲁班仙师）等神位。祖宗灵位下面的神龛就是土地神的坛位，一般写明："本宅土地老爷、瑞庆夫人之神位。"[2]

以前，民间有"写福神"的习俗。写福神是人们在过年时，请村里会文墨的人，将厅屋正中的祖宗灵位和两边的对联重新用红纸写一遍。

> 清代、民国时期，每户人家在大门左边用红纸写上"天地位焉"，在神龛内贴"天地君亲师位"，写"天"字时头一横稍宽，取天宽之意；"地"字笔迹稍粗，取地厚之意；"君"字封口，谓君不乱开口；"亲"右侧之"見"字不封口，谓亲不闭目；"师"字不撇写成"師"，谓师不当撇。神龛之内立财神和柜宗主位牌，也有立观音神位的，还有根据所从事职业立行业祖师神像或牌位的。[3]

金蚌地区有些人家的神台上供"炉头祖师"，当地人对其有自己的解释。解放前，金蚌地区已有打农具的铁匠，俗称"打乡炉子"，多为流动作业。铁匠们肩挑乡炉子，下乡到各家各户打农具。此外，湘潭来的黄家、赵家在金蚌开始"打镰刀"，"土改"时入了户，开始招收徒弟，"打镰刀"的手艺渐次在金蚌地区推广。邵阳人在金蚌樟树湾等地开炉"打剪子"，"打剪子"的手艺技术传入金蚌。20世纪五六十年代后期，金蚌成立公社，手联社集体组织打铁，"金蚌三刀"（菜刀、剪刀、镰刀）就是这个时候出的名。公社解散后，很多手艺

---

[1] "熊氏夫人神位"，也有写"注生娘娘之位"。
[2] 十年砍柴：《土地和灶神两个基层干部》。天涯社区·天涯杂谈。
[3] 湘潭县地方志编纂委员会编：《湘潭县志》，湖南出版社，1995年，第806页。

人自建铁炉，专门"打铁"、"打刀"、"打镰子"[1]。金蚌不仅生产菜刀、剪刀和镰刀，而且有一批人专门从事销售。这些人到全国各地，做"菜刀生意"，即以卖菜刀营生。"金蚌三刀"形成了一条完整的产业链，成为当地人的主要经济来源。也因为这一产业的发展，当地人的神台上多了一位"炉头祖师"。传说，炉头祖师乃铁匠之祖师。

---

[1] "打镰子"并不是金蚌地区土生土长的营生方式，最初来金蚌地区"打镰子"的是邵阳铁匠。后来，当地的一些人也慢慢学会了，便另开炉房，大规模"打镰子"。往外销售"三刀"也是跟邵阳人学的。

3. 打卦

打卦是我国很多地区人们日常生活中比较常见的仪式。不仅"念经"、"做佛事"时会打卦,而且去土地庙敬神、请神,去庙宇还宝烛、忏香等也会打卦。打卦是人与神鬼交流的一种方式,人们通过"打卦"来与庙王公公、庙王婆婆,土地公公、土地婆婆及自家"祖先"对话沟通。

打卦也叫掷卦,是一种流行在我国南方的问卜仪式。打卦所用的工具俗称"卦"[1],也有人称其为"法卦"。"卦"一般是木制或铜制,两个一对或一副,外形如半月形,一面平坦或凹陷、一面凸起,凸面

卦

卦以副计算,一副两部分。由两部分阴阳两面组成不同的卦象,常见的有阴卦、阳卦、宝卦。卦多是木质的,好的卦、老的卦多用紫檀木制成,也有竹制的。2012,年摄于燕子岩

---

[1] 有个谜语"要的时候丢下,不要的时候捡起来",说的正是卦与打卦。

为"阳",平面或凹面为"阴"。

在金蚌地区,普通人家大都有"卦",敬神时,用来向神灵问卜吉凶。打卦之前,需在神位前说明自己的身份和所要问的事情,接着用双手合住"一副卦",作揖三下,再举过头松手让"卦"落下。卦有三种:一阴一阳,称之为"圣卦"(或宝卦),表示神明认同,或行事会顺利。两阴,称之为"阴卦",表示神明还未决定要不要认同,行事状况不明。两阳,称之为"阳卦",表示神明不认同,行事会不顺。"打卦"时,通常会备一"箩盖"接卦用。比较讲究的场合,既有"打卦"的人,也有"捡卦"的人,"捡卦"人负责弯腰捡卦,并向"打卦"人汇报所打之卦。"打卦"人则主要负责求神和"打卦",他会针对不同的"卦"来念唱不同的请神辞。如果多次得不到所请之卦,"打卦"人就会不断变换他的说辞来请神,直到得到所求之卦为止。如遇所求之事相当重大,多以连打三次得圣卦才算数。

在湖南的有些地方,也有类似的打卦习俗,比如,湖南岳阳的平江县。

> 无论是寺庙、道观,还是普通农户家中,都藏有一样东西,凡是敬神、上坟或是抽签等活动,人们都要用上它,它就是平江人用来打卦的工具——卦。平江人用来打卦的卦是用竹制作成的……平江人最看重自己的祖先,祝祖是平江人非常隆重的礼仪。尤其是逢年过节,平江家家户户都要端上最好吃的东西作为供品,礼敬天地神明和自己的祖先。这时候,人们就要打卦,一来请他们共享,二来与他们交流,目的是

祈求他们保佑他们的子孙后代发福发贵，平安长寿。[1]

打卦和人们的生活息息相关，在某种意义上，"打卦"已经渗透到人们的日常生活中。金蚌地区，称爱说话、能说会道、见人说人话、见鬼说鬼话的女人为"打卦婆"。"打卦婆"实则包含复杂的情感之义，一方面，对这个女人的语言才能有肯定的意思，另一方面，这个女人所说之话不可全信，有"哄骗"之嫌。这在湖南的岳阳平江县也有类似的习俗。

> 平江寺庙的问卦还有专人负责，如是女的，平江人还有一个特定的称谓，叫"打卦婆"，这些"打卦婆"能言善辩，很会替问卦人问问题，所以平江人常常称那些喜欢多嘴多舌的人为"打卦婆"，如"某某是一个打卦婆，一把嘴真喜欢话"！有时就干脆称"某打卦"。[2]

此外，日常话语中，人们也用"打圣卦"来表达某些人说话没原则。比如，某人嘴巴"打圣卦"，意思是说某人胡言乱语，说话不可信。

---

[1] 张奇诊：《平江打卦习俗初探》，《平江风情》第 8 期。
[2] 张奇诊：《平江打卦习俗初探》，《平江风情》第 8 期。

4. 许愿与还愿

许愿与还愿是人们进行神灵信仰的重要实践方式。许愿，是对佛、菩萨等各种保护神许以愿心，当如愿以偿时即按许诺向佛、菩萨等还愿。愿心有多种，如求子、求婚、求财、求寿、求功名利禄等。许愿没有时间的限制，随时随地都可以许愿，不需要择吉日。许愿前，多沐浴斋戒净口，在神前敬三炷香，跪拜祈祷，默念心愿，祈求神灵保佑实现其心愿。许愿可大可小，不拘形式，最普通的是许斋饭，也有许香油、雄鸡、红绸、诵经、做佛事、献神供品、重塑金身、捐资修庙及唱神戏的。

许愿和还愿同时也是人神之间的一种交换。人们一般是有事有难才会许愿，还愿则是因为许了愿，所以必须还。樟树湾人若家里有人患了小病或办事不顺，就会怀疑是土地公公显灵，多备三牲、酒礼、斋饭等到土地庙许愿，求保平安。也有人是因为死去的祖先托梦或家中连续出现不好的事情等原因，要进行许愿念经、做佛事等活动。老年人祈求长寿，妇女们祈求子嗣，商人祈求发财，学生祈求好前途，所以，人们多去庙里求神。他们备了香烛，去庙里拜菩萨、抽签、问卦、卜吉凶。有的还准备雄鸡、茶油、红绸等，茶油供点神灯，红绸披在菩萨身上。有的在家设立娘娘坛位，多为女巫装仙娘或放阴。问仙娘的人在家焚香禀告，备包封（钱和米）、香烛，到娘娘坛位磕头。仙娘便就所问之事，解答疑难，如疾病、失窃、吉凶等。放阴是把死去的亲人的魂魄召来谈话，解答人们现实生活中出现困窘的原因。

  有时人们许愿是没有预设的。每年的农历十二月二十五日，当地人去台洲庙忏宝烛，求平安。打卦时，如果不能一次性得宝卦，这时，求卦人和打卦人都会说缘由，是不是给神上供太少？求信人心不诚？樟树湾人王大妈去忏宝烛，给王大爷打卦时，连打二十个卦，就是求不到想要的宝卦，什么理由都说了，都没用。王大妈气坏了，着急地问：是不是王大爷年岁大了，过不了年了？结果也不是。最后，王大妈请神：是不是王大爷不信神，家里应该还一场宝烛了？卦扔到地上，就是宝卦。王大妈被迫许了还宝烛的愿，时间已是中午，而还宝烛一般是十二月二十五日晚。于是，王大妈顾不上其他事，赶忙回家准备还宝烛的事宜。还宝烛要求有新鲜的豆腐，王大妈回家赶紧泡黄豆，准备制作新鲜豆腐。忙碌了一下午，终于在夜晚来临时分，准备好还宝烛的供品：三荤（鸡、鱼、肉）三素（红枣、桂圆、糖果），另备一匣子豆腐、两碗茶一碗酒、25根蜡烛、25根线香、一刀纸钱、一挂鞭炮。许愿、还愿来得匆忙，进行得有条不紊，王大妈虽然辛苦，但心里踏实。

还宝烛
一般是十二月二十五日晚还宝烛，还宝烛时供桌的摆放和敬天地时一样，即放大门口，与神龛下敬祖先相对应。祭品有鸡、鱼、肉，红枣、桂圆、糖果三个供果碗，两杯茶一杯酒，三双筷子，有的还会摆上一匣子自家制作的新鲜水豆腐

在金蚌地区，人们关于土地及其他神灵的信仰非常朴素，在日常生活中，多以许愿还愿等形式实践。

许愿和还愿的信仰活动在我国其他地方，同样为普通民众所遵循和践行。在河北范庄，每年的二月二龙牌会，人们纷纷去龙祖殿许愿还愿。许愿人多是有具体事情相求，看香人和许愿人有语言交流，并根据许愿人的讲述，给出具体的建议。也有的看香人让许愿人自己跟神灵说，有意思的是，许愿人在看香人的提示下许下钱、香烛、元宝等后，可能是由于太紧张、太激动，没过一会，自己就忘了许下的具体数目。着急的许愿人不得不求助看香人，看香人为其指明解决之道，即统一为十或其他数目，如十捆香、十刀纸、十份供果等。有人求子套娃娃，看香人负责将套娃娃的线粘到送子观音的十指上，如果粘上了，说明菩萨接受了，求子人套娃娃成功。如果没有粘上，求子人便会不断调整自己许下的供果、香火钱，看香人也会给出相应提示，等到成功粘上，通常所许的香烛钱物已经非常之多了。如果如愿怀孕了，来年，求子人必须来还愿，许多少，还多少。还愿了，也就了了，也即不欠神灵了。许愿和还愿构成一个完整的过程，在还愿结束后，也就结束了。如另有事相求，则另外打香说事、许愿。在神灵面前，人们遵循的是言必信、行必果，许愿应验后必须酬谢还愿。

> 河南宝丰县、鲁山县周围，人们有许愿还愿习俗，还了去年的愿许下今年的愿。一旦许下愿而不还愿的话心里会很不舒服，怕遭惩罚。而这一带还愿的方式就是请说书人说书给左邻右舍听，这也是祖祖辈辈留下来的习俗。[1]

---

[1] 冯骥才：《符号中国》，凤凰出版传媒集团，译林出版社，2008年，第95页。

在河北易县，当家中有人生病或有其他灾祸时，一般是口头向后土奶奶许愿，自认如果逢凶化吉之后，要怎样怎样。如当真逢凶化吉了，要在三月十五朝山还愿。后土奶奶是易县人心目中至高无上的神。[1]

在山东枣庄山亭区的张山湾村，人们有去高山庙里求子的习俗。高山即翼云山，山上有庙，村里人习惯称其为高山庙。庙里有娃娃殿，逢年过节都有人去那烧香求保佑，最常见的是去"求子"。村里有想生娃的妇女或新媳妇，都会在逢年过节时候，成群结伴而去，一般都带果供、炮仗等去求孩子。孩子生下来后，要去还愿，带的东西有鸡蛋、糖果、香纸、炮仗，还会买一块红布，有写字的也有不写的。[2]

张山湾村有许愿、还愿的习俗。家里有求孩子、求上学、求做生意发财的，都兴许愿。许愿一般是个人或家里在春天时许，许愿的时候，送支香。比如说，有人想干什么事，春天里他就开始许，（在香台前）烧香跪拜许愿说："老天爷，你保佑我今年做生意发财，到年底的时候，我杀猪杀羊，我敬你。"许愿时，有人许乌猪，还愿时就得宰乌猪；有人许的是乌猪白羊，还愿时就得宰乌猪白羊；反正就是许愿时许的什么，还愿时一定要说到做到。

许愿后，他就出去，该做生意做生意，该干别的干别的。到时候实现了，腊月过春节前他就要回来还愿。还愿时，杀一头黑猪或者黑猪和白羊。家里没有就上集市上买，买不到黑猪那就用白的，找点墨汁一抹。[3]当地人有个说法，所谓"乌猪白羊敬老天"。还愿的仪式，非常隆重。除了杀猪，还得摆酒席，请街坊四邻、亲朋好友来聚餐。

---

[1] 易县地方志编纂委员会编：《易县志》，中央编译出版社，2000年，第1108页。

[2] 访谈人：王素珍、高向华。讲述人：李妈妈。访谈时间：2012年12月7日。访谈地点：张山湾村。

[3] 沙朝佩解释说：我是这样想的，过去咱这里都是黑猪，那个白猪都是外国进来的猪，不是本土的猪。

杀猪之前，得烧香上供，问老天爷领不领，领了之后再宰。烧香上供时，会说："老天爷我给你送礼啊，你接不接受？"接受了就宰。烧香后，直接用上供的酒倒进猪耳朵、眼睛里，它一摇就说明领了，不摇就说明不领。那酒凉，猪一般会哆嗦。也有的，它就是不动，那就说明神不领。不领的话，就不再还愿了。

人们还记得，当年张景湖重修泰山行宫就是这样的。他临走就在村南门那个岭上磕了三个头，回望泰山行宫顶磕了三个头，说："我张景湖从今离开家乡，如果升官发财，我将来重修泰山行宫。"后来他当了镇守使以后，第一件事就是还愿，来修泰山行宫。[1]

---

[1] 访谈人：张士闪、龙圣、沙朝佩等。讲述人：刘夫祥、翟夫权。访谈时间：2012 年 12 月 7 日。访谈地点：张山湾村。

结语

　　土地庙作为我国传统的崇祀建筑之一，不仅具有其独特的建筑形制及景观属性，包括丰富多样的建筑语言、建筑构造、建筑装饰及建筑发展历史；更重要的是，土地庙作为人们土地信仰具象的重要载体，呈现出不同时期、不同地域人们关于土地神信仰的不同内涵与外延，在某种意义上，可以说，土地庙是特定历史区域内人们生活的一部分。土地庙不仅是人们祭祀土地神的重要场所，同时也作为某一特定区域内的公共场所，为这一区域的人们举行公共集聚活动的所在。

　　土地庙有一定的管辖区域，也即土地庙有庙界之分，不同土地庙之间没有层属关系，而是各自独立，分而辖之。土地庙的形制、装饰等有形物质，承载了诸多丰富而庞杂的无形信息：土地庙与村落、家族及周边景观的关系。一般的土地庙建筑非常简单，最初有单块石头、三块石（砖）头、石（砖）棚的，后来有了小、中、大型土地庙。台湾屏东县车城乡福安村的福安宫，是中国乃至东南亚最大的土地庙。

　　土地庙里所供奉的土地神，人们关于他有太多的知识、传说、记忆与想象。土地神的形象大都衣着朴实，平易近人，慈祥可亲，多为须发全白的老者，人们亲切称其为"土地公公"。土地神和老百姓最亲近，所谓"土地神，土地神，土地原来天上人"。各地人们流传着当地土地神的出身及神迹，土地神出处很多，有的为名人官宦，有的则为地方士绅，也有的无名无姓。土地神有很多种，且名目繁多，传说土地神乃兄弟六人或九人，有桥头土地、长生土地、山神土地等。

土地神的神职范围有着时代变迁的痕迹，从最初的土地或大地之神，到后世的全职全能神，"保四方清静、佑五谷丰登"。土地神官虽然不大，但管的事却不少。土地庙辖区内凡婚丧喜事、天灾人祸、鸡鸣狗盗之事都归其管理。民间相信，"土产无多，生一物栽培一物；地方不大，住几家保佑几家"。村中有瘟疫之灾、虎狼之患，人们会祈求土地神消灾除患；若发生盗窃之事、斗讼之争，人们则祈求土地指点迷津、主持公道。人们对土地神的态度，或虔诚祭拜，或"以其人之道还治其人之身"，甚至不惜用强硬手段与之对抗。

土地庙与人生仪礼、岁时节日及日常生活均有关联，小小的土地庙，我们不仅可以品味人生百味，同时可以透视人与人之间的交往及相互关系。

主要参考书目

1 ［加］卜正民：《为权力祈祷——佛教与晚明中国士绅社会的形成》，张华译，江苏人民出版社，2005年。

2 ［美］斯达克等：《信仰的法则——解释宗教之人的方面》，杨凤岗译，中国人民大学出版社，2004年。

3 Place and spirit in Taiwan: Tudi Gong in the stories, strategies and memories of everyday life, Routledge Curzon, 2002.

4 褚建芳：《人神之间——云南芒市一个傣族村寨的仪式生活、经济伦理与等级秩序》，社会科学文献出版社，2005年。

5 韩明士：《道与庶道——宋代以来的道教、民间信仰和神灵模式》，皮庆生译，江苏人民出版社，2007年。

6 郝铁川：《灶王爷土地爷城隍爷——中国民间神研究》，上海古籍出版社，2003年。

7 侯杰、范丽珠：《世俗与神圣——中国民众宗教意识》，天津人民出版社，2001年。

8 贾二强：《唐宋民间信仰》，福建人民出版社，2002年。

9 李亦园：《宗教与神话》，广西师范大学出版社，2004年。

10 林美容：《村庄史与乡土史——人类学者看地方》，台原出版社，2000年。

11 林美容：《祭祀圈到信仰圈——台湾的民间信仰与社会组织》，

台北联经出版社，1998年。

12　凌纯声：《中国边疆民族与环太平洋文化·中国祖庙的起源》，台北群经书局，1979年。

13　陆群：《民间思想的村落——苗族巫文化的宗教透视》，贵州民族出版社，2000年。

14　吕大吉、何耀华主编：《中国各民族原始宗教资料集成·考古卷》，中国社会科学出版社，1996年。

15　马书田：《华夏诸神》，北京燕山出版社，1999年。

16　欧阳肃通：《转型视野下的中国农村宗教——兼以乡村基督教为个案考察》，中国社会科学出版社，2009年。

17　藤井明：《聚落探访》，中国建筑工业出版社，2003年。

18　涂尔干：《宗教生活的基本形式》，渠东译，上海人民出版社，2006年。

19　王斯福：《帝国的隐喻》，赵旭东译，江苏人民出版社，2009年。

20　王永谦：《土地与城隍信仰》，学苑出版社，1994年。

21　吴秋林：《众神之域——贵州当代民族民间信仰文化调查与研究》，贵州民族出版社，2007年。

22　杨庆堃：《中国社会中的宗教——宗教的现代社会功能及其历史因素之研究》，上海人民出版社，2007年。

23　张琪亚：《民间祭祀的交感魔力——中国民间祭祀文化研究》，贵州民族出版社，2003年。

24　郑振满：《民间信仰与社会空间》，福建人民出版社，2003年。

25　宗力、刘群：《中国民间诸神》，河北人民出版社，1987年。

26　杜正乾：《中国古代土地信仰研究》，四川大学博士论文，2005年。

27　刘茜：《上海地区城隍庙建筑及其相关研究》，同济大学硕士论文，2003年。

28　田志敏：《苏州旺墓村土地庙探析》，东南大学硕士论文，2007年。

29　徐英迪：《权威的表征——解读清水江流域苗寨龙塘的"地鬼"信仰》，贵州大学硕士论文，2010年。

30　张二文：《美浓土地伯公信仰之研究》，国立台南师范学院乡土文化研究所硕士论文，1991年。

31　张莎：《土地庙与乡村环境景观的研究》，湖南大学硕士论文，2006年。

图书在版编目（CIP）数据

地可发千祥：湘中的土地神与土地庙/王素珍著．—郑州：中州古籍出版社，2015.5
（华夏文库）
ISBN 978-7-5348-4944-2

Ⅰ．①地… Ⅱ．①王… Ⅲ．①土地神–文化研究–湖南省 Ⅳ．①B933

中国版本图书馆CIP数据核字（2014）第206595号

华夏文库·民俗书系
地可发千祥：湘中的土地神与土地庙

总 策 划　耿相新　郭孟良
项目统筹　单占生　萧　红（执行）
责任编辑　萧　红
责任校对　苏晓园
美术编辑　王　歌
版式设计　曾晶晶
封面设计　新海岸设计中心
责任印制　刘新毅

出　　版　中州古籍出版社
　　　　　地址：河南省郑州市经五路66号
　　　　　邮编：450002
　　　　　电话：0371-65788808　65788179
经　　销　新华书店
印　　刷　河南新华印刷集团有限公司
版　　次　2015年5月第1版
印　　次　2015年5月第1次印刷
开　　本　960毫米×640毫米　1/16
印　　张　9.5
字　　数　96千字
印　　数　1-3000册
定　　价　26.00元

本书如有印装质量问题，由承印厂负责调换